# 능력을
# 인정받는
# 공무원의
# 비결

초판 1쇄 발행 2019년 4월 5일

지 은 이  이수희
발 행 인  권선복
편    집  오동희
디 자 인  유수정
전 자 책  서보미
발 행 처  도서출판 행복에너지
출판등록  제315-2011-000035호
주    소  (157-010) 서울특별시 강서구 화곡로 232
전    화  0505-613-6133
팩    스  0303-0799-1560
홈페이지  www.happybook.or.kr
이 메 일  ksbdata@daum.net

값  15,000원
ISBN  979-11-5602-706-5   13190

도서출판 행복에너지는 독자 여러분의 아이디어와 원고 투고를 기다립니다. 책으로
만들기를 원하는 콘텐츠가 있으신 분은 이메일이나 홈페이지를 통해 간단한 기획서
와 기획의도, 연락처 등을 보내주십시오. 행복에너지의 문은 언제나 활짝 열려 있습
니다.

현직 공무원이 전하는
공직 이야기

# 능력을
# 인정받는
# 공무원의
# 비결

이수희 지음

김진학 | 한국공공복지연구소 소장, 한국사회복지 행정 연
구회 회장

이수희 후배는 1990년 사회복지전담공무원2기로 들어왔다.
매사에 적극적이며 진취적으로 근무를 하며 타 동료와 한국사
회복지행정연구회를 위해 많은 수고를 아끼지 않는 자세와 모
습을 지켜보았다.

그동안 걸어온 공무원의 길, 공공복지 일선에서 경험하고 느
꼈던 일들을 정리한 이 책은 공공복지현장에서 사회복지사이
면서 공무원으로서 느낀 점들을 진솔하게 기록한 글로써 감동
을 전하고 있다.

많은 사람들이 공무원이 되고자 하지만 실제로 공무원의 삶
에 대해서는 잘 모른다. 저자는 공무원으로 근무하면서 얻은
경험과 지식을 공시생과 신규공무원에게 전달하여 직장인으로
서 공무원이 알아야 할 것이 무엇인지 말하고자 한다. 총 5장

에 걸쳐 작성된 글을 읽고 근무한다면 공무원 조직에서 최고의 능력을 발휘하게 될 것이라고 본다.

사회복지전담공무원으로 일하면서 일반행정업무까지 탁월한 업무역량을 발휘한 경험과 지식은 공시생과 신규공무원에게 올바른 지침서가 될 것으로 확신한다.

과중한 업무에도 불구하고 틈틈이 글을 쓴 저자의 용기에 응원의 박수를 보내며, 앞으로도 이수희 후배의 앞날에 멋진 영광과 공공복지 발전을 위한 큰 역할이 있기를 기대하여 본다.

이재열 | 남성사계시장 상인회장

공무원을 준비하는 공시생들은 공무원 생활에 대한 사전지식이 없으며 환상을 가지고 있다. 많은 공무원준비생이나 공직자들이 이 책을 읽음으로서 공직자의 본분을 생각하고 이해하는 훌륭한 지침서가 되리가 생각한다. 사회복지전담공무원으로서 동작구의 전통시장활성화를 위해 상인들을 이해하고 협력하여 주신 노력이 이 책에 고스란히 담겨 있음에 감사드린다.

이랑주 | Brand v. lab대표, '좋아 보이는 것들의 비밀' 저자

'준비된 사람에게는 반드시 기회가 온다.'는 말은 바로 이수희 저자를 두고 하는 말이다.

저자는 현실에 안주하지 않고 항상 적극적으로 행정을 수행하며, 자신의 경험과 지식을 주변에 열정적으로 공유해 왔다.

이 책에는 사회복지공무원으로 29년간의 생생한 경험과 전

통시장 활성화 업무를 성공적으로 이끌 수 있었던 다양한 노하우가 담겨 있다.

공무원으로서의 삶, 역량 계발하는 법에 대한 살아있는 이야기가 공시생과 공무원 생활을 시작한 이들에게 훌륭한 길잡이가 될 것으로 믿어 의심치 않는다.

2018년 12월 11일 태안화력발전소에서 고(故) 김용균씨가 컨베이어 벨트에 끼어 사망한 사고가 발생했다. 고(故) 김용균 씨는 작업하는 도중 컨베이어 벨트에서 소음이 발생하자 귀를 대고 소리를 점검하고 있었다. 점검하는 과정에서 컨베이어 벨트와 롤러에 신체가 말려들어갔고 곧 사망하였다. 그는 입사 3개월 차인 청년으로서 1년 뒤 정규직으로 전환될 예정이었다.

나는 고(故) 김용균 씨 사망 사건을 보면서 나의 공무원 생활이 생각났다. 나 또한 비정규직 공무원이었다. 1990년에 사회복지전문요원이라는 별정7급으로 공직생활을 시작했다. 별정직공무원이 어떤 공무원인 줄 모르고 입사했고 다른 동기들도 마찬가지였다. 단지 공공복지서비스를 지원하는 전문직종인 줄로만 알았다. 1999년 12월에 사회복지직으로 전직할 때까지 10년간의 별정직 공무원 생활로 상상할 수 없는 시련과 아픔을 겪었다.

지금 입사하는 신규 공무원들도 공무원들이 어떤 일을 하는지 어떤 직업관을 가져야 하는지 모르고 입사한다. 이 책을 준비하면서 사람들에게 공무원에 대해서 어느 정도 아는지 물어보았다. 공무원은 무슨 일을 하는 것 같으냐고도 물어보았지만 많은 사람들이 대답을 못했다. 공무원도 다 같은 직장인이다. 다만 국가의 세금으로 월급을 받고 국가의 세금을 집행하는 직업이다. 기본적인 사명감은 갖추고 입사해야 가치관에 충돌이 안 생긴다. 연금법이 개정되어 연금이 반토막 난 상황에서 신규 공무원들은 알게 모르게 많은 고민을 하고 있다.

　　공무원 조직은 느리게 변화한다. 저성장경제체제와 일자리 부족으로 기대를 가지고 입사한 공무원들이 많은 실망감을 느끼고 자존감이 떨어진 채로 근무하기도 한다. 개성이 강하고 창의적인 성향의 사람은 자칫 공무원 조직에 적응하기 어려워할 수 있다. 공직자는 말과 행동을 조심해야 무난하게 지낼 수 있다. 자신보다는 주민과 조직의 이익을 먼저 생각해야 한다. 때문에 주민들이 보기에는 복지부동하고 일을 안 하는 것처럼 보인다. 그러나 대부분의 공무원은 선하고 성실하며 누가 알아주지 않더라도 사명감을 가지고 자신의 일을 묵묵히 한다.

　　일전에 천만관중을 동원한 〈극한직업〉을 봤다. 말단경찰관들이 어려움을 헤지고 마약조직단을 일망타진하는 내용이었다. 사람들은 재미있다고 했지만 나는 마냥 좋아할 수 없었다.

야근, 박봉, 과로, 승진누락 등 공무원조직에서 똑같이 일어나고 있는 장면에서 우울함까지 느꼈다. 그럼에도 불구하고 힘들게 공부해서 들어오고 싶다면 알려주고 싶은 것들이 있었다. 책으로 써서 공시생과 후배들에게 생생하고 따뜻한 조언을 하고 싶었다.

나는 사회복지업무를 수십 년간 하면서 나름 내 분야에 있어 전문성을 키웠다. 나의 전문성은 행정업무를 하면서도 같은 성과를 발휘했다. 비록 사회복지직으로만 수십 년 일을 했지만 행정직의 고유영역인 전통시장활성화 업무에서도 역량을 보인 것이다. 한 분야에서 얻은 경험과 지식이 다른 영역에서도 먹힐 수 있다는 것을 알게 되었다. 수년 전부터 보편적 복지시대가 전면적으로 도래하고 있다. 앞으로의 행정체계는 사회복지와 행정의 대립체계에서 벗어나 융합하는 조직으로 진화해야 살아남을 것이다.

나는 이 책에 공무원들이 실제로 하는 일 등 공무원들의 조직 생활에 관한 내용을 담았고, 공무원으로 갖춰야 할 직무 역량과 역량 계발방법을 제시했다. 공무원 조직에서 인정받는 방법은 개인의 경험에 따라서 다양할 것이다. 그중에서 나의 경험과 지식을 기반으로 한 8가지 습관을 제안했다. 마지막 장에는 공무원 조직에 안주하지 않고 각자의 경험과 지식을 활용하여 미래를 설계하는 비전을 담았다. 공무원이 되려고 준비하는 공시생은 공무원 조직에 대한 사전지식을 얻을 수 있고, 신규 공무원은 입사 후 자신의 미래설계에 도움을 받을 수 있을 것이다.

　세상이 변했다. 공무원 조직은 예전처럼 무사안일하게 지낼 수 있는 직장이 아니다. 정년이 보장되고 안정된 조직이라는 개념에서 벗어나서 나를 단련시켜야 살아남을 수 있다. 공무원 조직도 소리 없는 정글이다. 나의 경험과 지식이 앞으로 공직 생활을 할 후배들에게 조금이나마 도움이 되리라 믿는다.

# 1장 공무원 생활이 원래 이렇게 힘든가요?

# 혼자 밥은 먹어도
# 혼자 일하지는 마라

# 일하면서
# 공부하는 사람이 되라

# 4장 조직에서 인정받는 공무원의 8가지 습관

# 5장 사랑받는 직원보다는 존중받는 직원이 되라

공무원은 어떤 일이든 하는 멀티플레이어가 되어야 한다. 주민들에게 완벽한 서비스를 제공할 것을 요구하는 직업이다. 주민을 위해서 자신을 낮추고 끝도 없이 소진시키는 서비스직이다. 단지 생계유지를 위해서 공직생활을 하겠다고 하면 지루하고 답답한 인생을 살게 될 것이다. 나를 내려놓고 살아야 하는 폐쇄적이고 수직적인 조직은 생각보다 적응하기 힘들다. 한 번뿐인 소중한 인생이다. 제발 비싼 돈 들여 몇 년 동안 공부하기 전에, 입사하기 전에 제대로 알아보고 공무원에 대한 환상을 깨라. 공무원에 대한 환상을 깨야 행복한 공직자가 될 수 있다.

# 1장

## 공무원 생활이
## 원래 이렇게 힘든가요?

# 01_
## 공무원 생활이
## 원래 이렇게 힘든가요?

최근 문재인 정부가 들어서면서 공무원 확충을 대대적으로 발표했다. 복지, 소방, 경찰 등 대민서비스 부문에 종사하는 공무원을 크게 확충한다고 한다. 언론과 매스컴에서는 연일 공무원만 늘린다고 공격하고 있다. 공무원만 늘리다 보면 그리스처럼 결국 망할 것이라고 입을 모아 보도하고 있다. 언론기사만 보면 우리나라가 곧 망할 것 같다.

그런데 우리나라의 민원 서비스를 생각해 보면 공무원 증가 정도가 과도하지 않다. 공무원 증가 부분은 복지, 소방, 경찰이다. 모두 우리의 일상생활을 편하게 하는 분야다. 경제가 발전하고 주민의 행정서비스 요구가 늘어나면서 공무원이 증가하고 있고 업무도 세분화되고 있다. 국민들이 편하게 지내도록 지원하는 업무를 하니 많이 뽑을 수밖에 없다. 내가 근무하는 사회복지직을 포함하여 가장 많은 직원이 일하는 행정직, 기술직, 세무직 등 다양한 직렬이 있다. 주민의 복지와 안전을 위해서 일하는 곳인데 직렬도 다양해야 하고 또 어찌 쉬운 일만 있겠는가?

2013년에 필리핀의 세부로 한국사회복지행정연구회의 사회복지분야 직원연수를 간 적이 있다. 태풍이 불어 숙소에 전기가 나가고 도로가 훼손되는 등 긴급한 상황이 일어났다. 연수자들이 필요하다면 다 같이 도로복구를 하면 좋겠다고 했다. 평소에 긴급재난 사태가 발생하면 우선 응소하던 습관이 자연스럽게 발휘된 것이다. 필리핀은 정부예산이 부족하여 도로 포장이 제대로 안 되어 있고 공무원도 인구수에 비해 적다고 한다. 공무원 인력이 부족한 데다 급여도 적다 보니 긴급사태가 발생해도 공무원이 발벗고 나서지 않는다고 한다. 모든 사태가 해결되고 나중에 나타나도 당연하게 생각하는 나라다.

우리나라 같으면 있을 수 없는 일이다. 재난이 발생하면 서울은 1시간 이내, 수도권 거주자는 2시간 이내에 응소해야 한다. 그렇지 않으면 후에 징계를 받을 수 있다. 도로에 고양이 사체가 있어도 연락이 오고 바로 앞집에서 소음이 있어도 당장 와서 해결하라고 한다. 이러한데 아직도 공무원을 자신이 낸 세금을 축내는 존재 정도로 아는 사람이 많다. 알게 모르게 정부에서 제공하는 서비스를 받고 있는데 말이다.

민선자치시대가 된 후 지방공무원들의 업무량은 급속하게 늘어나고 있다. 업무 난이도도 따라서 급격하게 높아지고 있다. 선출직 자치단체장들이 들어오고 표를 가진 주민들을 의식하면서 공약사업 종류도 늘어났다. 전에는 국고보조금이나 시 보조금을 받아다가 쓰면 되었는데, 지금은 국회부터 시청까지 다니면서 예산을 확보해야 한다. 서울 자치구의 경우 강남구, 서초구, 송파구 외에는 재정자립도가 매우 낮다. 국가에서 보조받는 예산은 구 살림의 기본사업과 직원들 월급에 쓰고 나면 주민들에게 홍보할 수 있는 사업을 하기에는 항상 부족하다. 그래서 해마다 10월이면 예산을 확보하느라 목숨 걸고 뛰어다닌다.

서울시는 자치구 길들이기 때문인지 예산을 조건 없이 배분하지 않는다. 경쟁시스템을 가동하여 배분한다. 그래서 서울시에도 일 년 내내 잘 보여야 한다. 인력충원 및 예산보조를 받아야 하기 때문이다.

단체장들이 표를 가진 주민들의 눈치를 보고 주민들의 행정수요를 수용하면서 일이 기하급수적으로 늘어나고 있다. 직원들은 주민들이 고질민원을 접수하거나 사무실에 와서 항의하면 숨도 쉴 수 없고 기가 죽는다. 주민과 대적해 봐야 공무원만 죽일 것들이다. 나 같은 경력자들도 고질 민원을 접수하면 힘이 드는데 신입 직원들은 기절할 정도다. 민원이 접수되어 여기저기 문서로 흔적이 남고 안 좋은 소문들이 퍼지면 결국 담당자만 손해다. 동주민센터 같은 관공서는 스트레스 해소센터 정도로 아는 주민들이 많다. 경력이 오래된 공무원이 생기가 없고 말이 점점 없어지는 것은 이렇게 오랫동안 주눅이 든 생활을 하기 때문이다.

전에는 주민이 아무리 행패를 부려도 경찰서에 신고할 생각도 못 하고 당했다. 지금은 알코올중독자, 정신이상자, 복합민원인들이 많아서 경찰서에 즉각 신고한다. 안 그러면 생명을 잃거나 상해를 입을 수 있기 때문이다.

게다가 의회업무는 연중 내내 해야 한다. 7~8월을 제외하곤 계속 자료를 내고 의회 안건에 신경을 써야 한다. 주민들 중엔 구의회 의원들을 편하게 생각하는 사람들이 많고 현장에서 보면 대접을 제대로 안 해 주지만, 그런 구의회 의원들이 공무원에겐 상전 중의 상전이다. 최근에는 시민사회단체와 합동으로 추진하는 업무도 많이 늘고 있다. 시민사회단체에서 인력이 들어오는데 행정업무 경력이 없는 조직과 일하는 데는 많은 애로사항이 있다.

나는 1990년에 별정직인 사회복지전문요원 2기로 임용되어 현재까지 근무하고 있다. 노태우 정권 때 영구임대주택 200만 호가 건설되면서 임용되었다. 그 당시 나뿐만 아니라 같이 합격한 동기들도 사회복지전문요원이 전문직인 줄 알고 있었다. 그런데 알고 보니 일반행정직들이 가장 하기 싫어하는 업무로, 서로 안 하려고 해서 이직, 보직변경 신청이 많은 직종이었다. 복지서비스 업무를 하면서 너무나도 힘들었다. 대학을 막 졸업해서 상담경험이 없는데, 별의별 사연을 가진 주민들을 다 응대해야 했다. 업무를 가르쳐 주는 직원들도 없었다. 입사초기에 울음을 삼키면서 일했던 기억이 난다. 동주민센터 업무의 반은 사회복지 업무다. 2013년에는 사회복지분야 직원들이 경기도 성남을 비롯해서 전국적으로 자살하는 일이 발생했다. 자살을 안 하면 질병에 걸려 죽거나 사직하는 일이 많았다. 자살 사건이 사회적 이슈가 되어 소진예방을 위한 대책을 세우는 등 분주했다. 지금은 2016년부터 직원들이 대거 입사하면서 업무가 세분화되었고 근무여건이 향상되었다. 최소한 자살하는 일은 일어나지 않고 있다.

근무경력이 쌓이고 다른 부서와 업무를 추진하면서 다른 직렬들도 어려운 업무가 많다는 것을 알게 되었다. 내가 하는 업무는 민원 상대로 감정소모가 심해서 힘들지만, 다른 직렬도 인허가 문제, 재개발과 같은 주민의 재산권 등과 관련된 문제에 대한 고질 민원으로 힘든 경우가 많다.

A주무관은 주택 재건축조합 허가업무를 하면서 소송을 진행하게 되었다. 소송은 직원이 직접 수행한다. 사안이 중대한 건은 자문변호사가 하지만 그 외 건은 직원이 사실파악을 하면서 진행해야 한다. 법원에서 소송 답변서가 오면 접수하고 대응하는 답변서를 제출해야 한다. 그 직원은 그 재건축조합의 허가 절차를 소홀히 하였다. 당장 재건축조합원의 재산권 침해로 문제가 불거졌다. 그럴 땐 담당직원이 다 책임져야 한다. 다들 그 업무를 담당하지 않은 것을 감사할 뿐이다. 그렇다고 나중에 고생했으니 더 좋은 부서로 옮겨주거나 승진을 시켜주지도 않

는다. 그럴 때는 관운이 없다고 한다.

 공무원이 하는 업무는 민간부문에서 하지 않는 업무다. 한마디로 돈이 안 되는 일을 정부에서 하고 있는 것이다. 내가 일하고 있는 사회복지직은 생활이 어려운 사람들의 각종 애환을 듣고 문제 해결을 해야 하는 직종이다. 비록 업무는 힘들지만 전혀 새로운 업무를 익혀야 하는 직종은 아니다. 행정직은 한 부서에서 일하다가도 발령이 나면 새로운 부서에 가서 일을 익혀야 한다. 그래서 행정직은 잡직이라는 말도 한다. 아는 건 많은데 얕은 업무지식만 있다고 자조적으로 말할 때가 많다.

 공무원은 어떤 일이든 하는 멀티플레이어가 되어야 한다. 주민들에게 완벽한 서비스를 제공할 것을 요구하는 직업이다. 주민을 위해서 자신을 낮추고 끝도 없이 소진시키는 서비스직이다. 단지 생계유지를 위해서 공직생활을 하겠다고 하면 지루하고 답답한 인생을 살게 될 것이다. 나를 내려놓고 살아야 하는 폐쇄적이고 수직적인 조직은 생각보다 적응하기 힘들다. 한 번뿐인 소중한 인생이다. 제발 비싼 돈 들여 몇 년 동안 공부하기 전에, 입사하기 전에 제대로 알아보고 공무원에 대한 환상을 깨라. 공무원에 대한 환상을 깨야 행복한 공직자가 될 수 있다.

# 02_
# 연금 받으려고
# 60세까지 버틴다고?

공무원에 대한 인기가 하늘을 찌르는 것 같다. 공무원 생활이 멋있고 근사해서가 아니다. 기업체에 취업해도 50세가 되기 전에 퇴직해야 하는 사회가 불안해서 인기가 있는 것이다. 내가 입사하던 1990년만 해도 대학교에서 공무원이 된다고 하면 다시 생각해 보라고 했다. 그러다가 IMF사태가 오면서 망할 염려도 없고 급여가 꼬박꼬박 나오는 공무원이 인기가 많아졌다.

사람들이 공무원을 연상할 때 가장 먼저 생각하는 것이 정년을 채우고 은퇴하면 연금을 받는 것이다. 일반기업체와 달리 공무원은 퇴직금이 없고 대신 연금을 수령한다. 사람들은 공무원이 비용부담을 안 하고 있다가 퇴직하면 수백만 원의 연금을 받는 줄 안다. 연금은 정부와 개인이 같이 부담하여 수십 년 동안 적립한 것이다. 공짜로 수령하는 것이 아니다. 별다른 사유가 없으면 정년까지 지켜서 수령한다. 수십 년 동안 노동한 대가를 정당하게 가져간다. 그런데 대부분의 사람들은 공무원이 무상으로 수령하는 것으로 알고 있다. 공무원이 단지 연금을 받는다는 이유로 질시하여 매도하는 것 같다.

공무원이라는 직업은 연금이 없으면 매력이 없는 직업이다. 공무원의 급여는 일반 기업체에 비해서 적다. 그동안 정부에서는 기업체와 급여 수준을 맞추기 위해 수당을 신설하는 등 노력을 해 왔다. 생활이 안정되어야 부정부패가 없고 조직이 유지되기 때문이다. 공무원은 업무 외에 영리사업을 할 수 없다. 연금은 퇴직 후 아끼고 절약해서 써야 기본생활이 유지될 정도다. 대다수 사람들은 공무원들이 퇴직 후 받는 연금에 대해서 불로소득처럼 인식하고 큰 혜택을 받는 것으로 알고 있다. 그러나 대다수가 생각하는 만큼 많은 액수가 아니다. 게다가 연금을 받는 퇴직공무원은 경제활동으로 사업소득, 급여가 일정액 이상 발생하면 연금이 깎인다.

공무원 자녀에 대해서 대학교 학비 지원은 없다. 그 대신 무이자로 학비를 대여해 준다. 공무원연금공단에서 실시하는 학자금대출을 많이 이용한다. 무이자라고 자녀학비를 빌렸다가 못 갚으면 연금에서 제해야 하는 경우도 있다. 이렇기 때문에 연금 외에 다른 수입원을 준비해야 한다. 퇴직 후 질병에 걸리거나 어려운 일이 있을 때 대처할 방법을 마련해야 하는데 준비를 잘한 사람은 드물다. 퇴직한 선배들 중에는 경조사비 부담으로 연락을 안 하는 경우도 있다. 현직에 있는 후배들도 존중하는 차원에서 되도록 연락을 안 한다.

최근에는 연금제도가 개편이 되어서 새로 입사하는 신규직원들의 연금수령액이 절반으로 줄었다. 그런데 정년연령은 길어지고 있다. 아마도 70세까지 정년이 연장될 것 같다는 말도 나오고 있다. 은퇴해서 새로운 인생을 살아야 할 나이에 가방 들고 하루 종일 일하러 가야 하는 것이다. 물론 나이 들어서 일할 수 있어서 다행이라고 생각할 수도 있겠다.

그러나 수십 년 동안 한 조직에서 머물고 나이 들어서까지 일하다가 죽는다고 생각하면 무척 우울하다. 공무원 조직은 군대와 비슷해서 개인의 개성이나 창의력이 발휘되기 힘든 조직이다. 어쩌다 보니 공무원에 입사해서 한평생을 군소리 없이 지내다가 내가 어떤 사람인지 알기도 전에 퇴직을 한다는 것은 불행한 일이다. 공무원들은 평균 70세면 사망한다고 한다. 퇴직한 선배 공무원 중에는 평소 건강했는데 68세에 사망한 분이 있어서 놀란 적이 있다. 공무원들이 장수하지 못하고 비교적 일찍 사망하기 때문에 연금이 유지된다고 하는 슬픈 이야기도 있다.

공무원은 퇴직하면 재취업하기가 여의치 않다. 공무원은 조직에 순응하고 복종하는 시스템에 익숙하다. 업무성격상 주민에게 무한 서비스를 제공하는 일만 수십 년 동안 하다 보면 괄괄한 성격을 가진 사람도 순해진다. 도전적이고 생소한 일을 하기가 어렵다. 퇴직해서 창업을 하면 망하기 쉽고 사람들에게 속아서 퇴직금을 날리기도 한다. 공무원이 퇴직할 때가 되면 어떻게 알았는지 어김없이 투자하라고 연락이 온다고 한다. 다른 사람도 내 맘 같은 줄 알고 투자하거나 빌려주고 패가망신한 공무원들이 많다.

　나는 다행히 60세에 공무원 연금을 수령하지만 후배들은 그렇지 않다. 60세에 정년퇴직하고 바로 수령하는 게 아니라 5년 후인 65세부터 받는다. 이 5년 동안 건강이 좋지 않거나 가족을 돌봐야 해서 일을 하지 못한다면 경제적으로 어렵게 살아야 한다. 연금 수준도 국민연금과 동일하다. 공무원 연금을 탈 수 있는 요건이 재직기간 20년에서 10년으로 단축되었고 공무원 본인이 납부하는 기여금의 납부 기간은 33년에서 단계적으로 36년까지 3년간 연장되었다. 지금 입사하는 공무원들은 공무원연금이 더 이상 자신들의 노후를 책임지지 않는다는 것을 알고 있다. 생각보다 많은 사람들이 현실을 제대로 알지 못하고 환상을 안고 입사한다. 더 이상 공무원 연금이 공무원들의 노후를 책임져 주지 않는다. 공무원이 아닌 사람들은 만 65세 이상으로 소득인정액이 선정 기준액 이하면 매월 연금을 지원하는 기초연금이 나온다. 그러나 공무원 연금을 받고 있는 사람들은 이 기초연금 지급에서도 제외된다. 매월 150만 원을 받는다고 가정할 경우 노후에 부부가 함께 나눠 쓰면 생활비로도 부족한 금액이 바로 공무원연금이다. 단지, 부부공무원의 경우는 두 배이므로 비교적 넉넉한 노후를 보낼 수 있다. 부부공무원도 애환은 많다. 둘이 벌어야 생활이 유지되고, 정년 전에 퇴직하고 싶어도 부부간에 합의가 안 되면 계속 다니게 된다. 질병으로 아파도 퇴직을 하지 못하고 계속 다니는 경우도 있다.

민간기업에 다니는 사람들은 퇴직금을 중간 정산해서 받는다. 중간 정산금으로 집도 사고 주식도 사는 등 투자를 할 수 있다. 그러나 공무원들은 중간 정산제도가 없다. 퇴직 후에 고스란히 수령한다. 공무원들의 노후 생활 안정을 도모하기 위한 것이다. 민간기업도 초고령화 사회가 되면서 노후기간이 길어지고 노후의 삶이 빈곤해지자 퇴직금 중간 정산을 폐지하는 법을 추진 중이다. 노후를 위해 대비하는 퇴직금을 회사에 다닐 때 찾아서 다 써버리면 회사 퇴사 후에 삶이 더 힘들어지기 때문이다. 결국 자신이 모은 돈을 먼저 찾아가냐, 나중에 찾아가냐의 차이일 뿐이다.

고령화 시대가 되어 노후가 불안해지면서 공무원이란 직업은 인기가 더 높아졌다. 그러나 이제 공무원 연금도 공무원의 노후를 책임져 주지 않는 시대가 되었다. 그래서 새로 입사하는 공무원들은 임용장을 받는 것과 동시에 100세 시대를 어떻게 살 것인가를 고민해야 한다. 공무원으로 퇴직한 후에 노후 대비도 같이 해야 하는 시대가 온 것이다.

공무원의 연금에 대한 잘못된 인식을 걷어 내고 현실을 직시해야 한다. 노후를 공무원연금에만 의존해서는 안 된다. 물가 상승 요인으로 소득 대체율이 생각보다 높지 않을 가능성이 있다. 또한 은퇴 무렵의 재무상황에 따라 연금이 소득원이 안 될 수 있다. 단지 연금수혜자로 노후를 살 수 있다는 기대로 국가에 의존하는 것은 바람직하지 않다. 공무원이 되면 무조건 연금으로 죽을 때까지 살 수 있다는 생각에서 깨어나야 한다.

# 03_
# 6시 칼퇴근,
# 장밋빛 환상을 깨라


사람들은 공무원의 생활에 대해서 어디까지 알고 있을까? 공무원 시험을 준비하는 열풍에 대해서는 대대적으로 보도하지만 공무원 생활을 밀착 취재하는 기사는 못 본 것 같다.

대다수의 사람들은 공무원을 동주민센터에서 주민등록등본을 발급하거나, 인감을 발급할 때 주로 만난다. 공무원이 하는 일을 주로 민원서류 발급으로 알고 있다.

요새는 거주지에 상관없이 어느 곳에서나 민원서류를 발급받을 수 있고 인터넷 민원24시에서도 가능하다. 공무원을 만날 일이 거의 없다. 나도 내가 거주하는 곳의 동주민센터에 갈 일이 없다. 사람들은 어쩌다가 동주민센터에 가면 공무원이 저녁 6시에 퇴근하는 것만 본다. 저녁엔 관공서에 갈 일이 없으므로 공무원은 9시에 출근해서 6시면 칼퇴근하는 줄 안다. 일과 개인의 삶 간의 균형을 이루는 워라밸work and life balance을 꿈꿀 수 있는 직업이라고 한다. 나도 입사초기에는 그런 줄 알았다. 그런데 사실은 많이 다르다.

일선 동주민센터는 저녁 6시에 문을 닫지 않는다. 저녁에는 문화강좌도 있고, 직능단체라고 하는 지역주민들의 모임이 한 달 내내 있다. 동장과 해당 팀장, 담당 직원은 모임이 끝날 때까지 배석해야 한다. 평소에 지역 내의 각종 행사에 동원될 주민들을 잘 사귀어야 하기 때문이다. 동네 쓰레기도 치우고, 생활이 어렵고 연고자가 없는 주민이 발생하면 저녁에도 돌봐 줘야 한다. 경로당의 보일러가 고장이 나도 직원이 가 봐야 한다.

집에서 자다가도 비가 오거나 눈이 오면 시간 내에 응소해서 일해야 한다. 눈이 왔는데 앞장서서 눈을 치우는 주민들은 거의 없다고 보면 된다. 눈만 오면 자기 집부터 치워 달라는 민원에 시달리기도 한다. 근무 외 시간에도 동네의 잡다하고 궂은 일은 다 해야 한다.

구청 등 상부기관에서는 업무 계획서 작성, 구의회 개최에 따른 업무, 공모사업, 각종 인센티브 사업으로 밤늦게까지 일할 때가 많다. 주말에도 나와서 일하는 직원들도 많다.

민선체제가 되면서 많은 자치구들이 중앙정부, 서울시의 공모사업, 인센티브 사업에서 성과를 내기 위해 목숨 걸고 전력을 기울이고 있다. 근무시간에는 사업추진을 위해 여기저기를 다니다가 저녁이 되면 사무실에 와서 나머지 일을 한다. 각자의 고유 업무가 있기 때문에 사무실에서 할 일이 또 있다.

공모사업은 각 부서의 의견조율을 거친 후 마감기일 내에 만들어서 제출해야 하고 인센티브 사업 또한 평가기간까지 챙겨야 할 것들이 많다. 보고서나 계획서는 작성 후 몇 단계의 검토와 수정을 거친다. 완성되기까지 며칠이 걸리며 근무시간 내에 다 완성할 수가 없다. 밤 12시까지 일하는 건 예사이고 월요일에 의회라도 열리면 주말에 나와서 보고서도 검토해야 한다. 의원들을 사전에 만나서 자료에 대한 설명도 하고 의견 조율도 해야 한다.

공약사업이나 현안사업을 추진하는 부서에서는 낮에 일을 마칠 수 없기 때문에 저녁 11시에도 회의를 해야 한다. 주력사업의 성공여부에 따라 승진여부가 달라지기 때문이다.

통상 승진 서열에 들어 있는 직원들이 우선 배치된다. 그래야 일할 동기부여가 되고 힘든 업무도 참고 견디기 때문이다. 바쁠 때는 주말에도 나와서 일을 추진한다.

승진서열에 있고 경쟁체제에 돌입한, 자녀가 있는 여직원들은 저녁이면 바빠진다. 동네 분식점에 외상장부를 달아 놓거나 퇴근시간이 되면 배달 주문을 하느라 분주하다.

집이 가까운 여직원들은 아이들 밥을 차려 주고 오는 경우도 있다. 학기 중에는 학교 급식이 있어서 다행인데 방학에는 점심이 문제가 된다. 그래서 볶음밥을 냉동시켜서 아이가 조금씩 해동시켜 먹게도 한다.

일이 없다고 칼퇴근 하는 것도 눈치 보인다. 옆의 직원이 업무하느라 쩔쩔매거나, 어려운 업무로 고생할 때 같이 있어 줘야 마음이 편하다. 상사나 동료들은 말은 안 해도 같이 남아서 시간을 보내 주기를 원한다.

안전관련 부서에서는 눈, 비가 올 때나 재난이 발생할 때는 조별로 비상근무해야 한다. 비상이 걸릴 때는 여자와 남자 직원을 가리지 않고 응소해서 일해야 한다.

남녀의 급여체계가 동일하고 전체 직원 중에 여직원이 많은 비율을 차지하기 때문에 여자라고 해서 일의 경중을 다르게 하지는 않는다.

지금은 출산율 저하가 국가적인 문제가 되고 있고 여직원들이 많아서 유아기 자녀가 있는 경우 비상소집도 제외해 주는 등 배려를 해 준다. 내가 아이를 키울 때만 해도 예외가 없었다. 아이를 두고 올 수가 없어서 차에 태우고 응소한 적도 있다. 그래도 안쓰럽다고 위로해 주는 직원은 없었다. 다들 아이를 다른 사람에게 맡기거나 여의치 않을 때는 데리고 오는 것이 당연한 시절이었다.

각 지자체에서는 봄, 가을에 집중적으로 주민들을 위한 각종 행사를 많이 개최한다. 민간업체에 용역을 주어 개최하지만, 빠듯한 예산으로 진행하므로 원활한 행사를 치르기 위해서 직원들이 돌아가면서 차출되거나 전 직원이 동원될 때가 많다. 행사가 많으니 주말에도 사무실과 행사장에서 살게 된다. 젊은 직원들 중에는 야근과 격무로 육아와 가정생활이 힘들어서 휴직을 하거나 일이 상대적으로 적은 지방이나 국가직으로 전출하는 경우도 많다.

공무원은 자원봉사자가 아니다. 가정을 꾸리고 부양해야 하는, 엄연히 급여를 받는 직장인이다. 적정한 급여를 보장해야 청렴하게 근무하고 금품수수 등 이탈자가 없을 것 아닌가. 하지만 급여를 인상시키는 것도 나라 전체를 감안하면 큰일이다. 예산확보도 어렵고 그 파장이 크기 때문이다.

그래서 기업체에 비해 적은 급여를 받는 공무원은 각종 수당을 받는 제도를 통해 부족한 부분을 보충하고 있다. 그중에 시간 외 수당이 있는데 월 57시간을 할 수 있고 직급에 따라 받는 금액이 다르다. 공무원이 큰돈은 못 모으지만 알뜰하게 사는 것은 수당을 한 달에 여러 번 나누어서 주기 때문이라는 우스갯소리도 있다.

신입직원의 경우 급여가 매우 적기 때문에 시간 외 수당이 큰 비중을 차지한다. 젊은 직원들이 근무시간이 끝나도 집에 못 가는 이유다. 처음에는 합격의 감격에 겨워서 지내다가 생활을 해 보면 경제적으로 빠듯하다는 것을 많이 느낀다.

일을 하다 보면 하고 있는 업무가 많거나, 실수를 할 때가 있다. 직원이 고충신청을 하거나 문제를 일으키면 원인 분석에 들어간다. 우선 업무내용과 시간 외 근무를 얼마나 했는지 파악한다. 낮에 일을 다 할 수 없었으면 저녁에 잔업처리를 했나를 알아보는 것이다. 늘 정해진 시간에만 일을 하면 좋은 평가와 승진은 요원해진다.

사람들이 공무원의 가장 큰 장점이라고 생각하는 정시 퇴근이 결국은 족쇄를 채우는 것이다. 그러면 그냥 승진 욕심 버리고 정시 퇴근하는 삶을 살면 되지 않느냐고 반문할 수 있다. 허나 공무원은 월급 외에는 어떠한 금전적인 보상이 없다. 일반 대기업처럼 사업이 잘되어서 사장이 갑자기 보너스를 주는 일도 없다.

단지 승진이 되어야 호봉이 올라가고 각종 수당도 조금씩 올라간다. 월급이 오르려면 승진을 해야 하고 승진을 하려면 상급자와 동료에게 인정을 받아야 한다. 남보다 더 많이 일하고 자신을 어필해야 한다. 다르게 보이려면 근무시간 외에도 일하고, 상사가 업무 보고 준비나 자료 준비를 하면 같이 보좌하는 등 평소에 꾸준하게 잘 보여야 한다. 시간이 되었다고 사무실에서 일찍 나가면 분위기 파악도 안 되고 어려운 점이 많다.

몇 년 전에 근무하던 부서에서는 오랜 시간 동안 야근할 일이 별로 없었다. 8시면 대부분 퇴근하고 사무실은 캄캄했다. 반면에 옆의 과는 부서 특성상 늦게까지 남아 있는 직원도 있고 불이 켜져 있을 때가 많았다. 그래서 부서평가를 할 때나 부서원의 표창을 상신할 때 평가에서 밀릴 때가 많았다.

아직도 일찍 퇴근하면 일이 없어서 퇴근한다는 인식이 팽배하다. 오죽하면 최근에는 매주 하루를 정해서 '가정의 날'을 실시하겠는가. 가정의 날에는 시간 외 업무도 인정해 주지 않는다. 다들 눈치 안 보고 맘 편히 퇴근해서 좋아들 한다.

워라밸을 열심히 하다 보면 몸과 마음은 편한데 몇 년 후에는 동료나 후배보다 승진도 늦고 뒤떨어지게 된다. 비교적 편한 업무를 맡거나 단순 반복적인 업무를 하다 보면 기획력과 새로운 업무 적응력이 현저히 떨어진다. 젊고 유능한 후배 직원들이 치고 올라와서 저만큼 앞서 가고 있을 때 나만 퇴보하는 것에 자존감마저 하락한다.

승진 안 해도 된다고, 가정이 가장 중요하다고 일찍 퇴근하는 삶을 살아온 직원들도 결국에는 승진하고 싶어 한다. 그러니 칼퇴근에 대한 환상을 버려야 한다.

# 04_
## 이런 일도
## 하는 줄 몰랐어요



공직에 대한 선호는 높아지고 있다. 정년이 보장되어 60세까지 다닐 수 있고, 민간에 비해 근로 조건이 더 좋기 때문이다. 공무원에게 손가락질하는 사람도 자신의 자녀가 공무원 시험에 합격하기를 원한다. 심한 경우에는 고등학교 1학년 때부터 공부하는 경우도 있다. 신규직원들에게 몇 년 공부하고 합격했냐고 물어보면 3년 이상 공부했다고 한다. 그나마 사회복지직은 모집인원이 상대적으로 많고 합격선이 낮아서 2년 정도 공부를 했다고 한다. 노량진 공무원 학원가에서 공부하는 데는 많은 비용이 든다. 학원가는 방값도 비싸다. 학원비, 방값, 식비 등으로 많은 비용을 들이고 합격한다. 이렇게 힘들게 들어오면 모든 공무원들이 쉬운 일을 할 것 같지만 막상 모두가 그렇진 않다.

희망복지지원팀에서 근무할 때 있었던 일이다. 관내에서 존속 살인사건이 난 적이 있다. 아들이 아버지와 다투다가 아버지를 흉기로 찌른 사건이었다. 어머니는 시력을 거의 잃어 거동이 어려운 상태였고, 딸은 우울증으로 수년 동안 밖에 나가지 않고 방에서만 지내고 있었다. 아버지가 사망하기 전에는 보호를 받았으나 이제는 돌봐 줄 사람이 없었다. 토요일에 사무실에서 잔업을 하고 있는데 보호 의뢰가 들어왔다. 즉시 현장으로 갔다. 이럴 때 현장으로 가지 않아서 문제가 발생하면 책임을 면할 수 없다. 동장, 근무경력이 많고 문제 해결 능력이 있는 직원들이 소집되었다. 대상자는 자가 소유자이고 연금 및 재산이 상당한 가정이었다. 단지 보호자가 없어서 누군가 임시 보호를 해야 했다.

　동주민센터 직원, 전문가들이 모여서 상의한 결과 모녀를 요양전문병원으로 이송하는 것으로 결정했다. 평소 청소를 안 하고 쓰레기를 쌓아 놓아서 집 안으로 들어갈 수 없을 정도였다. 모녀는 불안증세가 심하여 집에서 나가는 것을 거부하였다. 그래도 직원들이 돌아가면서 계속 설득하고 달래서 요양병원에 입원시켰다. 재산은 많으나 당장 사용할 방법이 없어서 긴급지원을 하여 병원비를 충당하였다. 모녀는 입원한 후 깨끗한 환경에서 치료를 잘했고 만족하며 지내고 있다. 이렇게 주위에 긴급하게 어려운 주민이 있는 경우 누가 돌보겠는가. 이런 일이 발생하면 주민들은 무조건 관에 연락한다. 경찰관들이 왔는데 공무원보다 아는 게 더 없다. 응급상황 대처 매뉴얼도 모르고 오로지 동주민센터에 숟가락만 얹는 상황이었다. 이럴 때 담당과 관계공무원들은 집에서 쉬다가도 출근해야 한다. 그러면 모른 척하고 안 나오면 되지 않느냐고 말할 수 있지만 그렇게는 할 수가 없다. 두고두고 입에 오르내리고 안 좋은 평가로 이어진다.

공무원은 자신의 근무지역 주민들의 복지와 안전을 책임져야 한다. 정부의 보호를 받는 주민의 모든 것을 돌봐 줘야 하고 사망하는 경우엔 장례까지 치러야 한다. 지역에 거주하는 주민들이 같이 하는 일은 없다. 오로지 관내 동주민센터, 필요할 경우 구청에서 지원을 하여 해결한다. 주위에 어려운 이웃이 발생하면 가장 먼저 달려가는 사람들이 공무원이다. 일반주민도 누구나 생활이 어려워지면 공무원의 지원을 받는다.

지금은 복지전달체계가 잘 운영되고 있지만 예전에는 속된 말로 맨땅에 헤딩 수준이었다. 1995년에 있었던 일이었다. 가족이 전혀 없는 홀몸어르신이 아파서 근무지 근처에 있는 시립 보라매병원에 입원하게 되었다. 가족이 없기 때문에 동주민센터의 담당자인 내가 입원을 시켰다. 정부지원을 받는 분이어서 병원비는 해결이 되었지만, 간병비가 문제였다. 국가에서 운영하는 요양원 입소신청을 했고 기다리는 동안 병원 입원치료를 해야 했다. 간병비를 마련하기 위해서 관내의 아는 유지분들을 찾아다녔다. 새마을금고 이사장, 음악학원 원장님의 지원으로 후원금을 마련했다. 평소에 동네 주민들과 네트워크 형성을 잘 해야 하는 이유다.

그 후원금으로는 한 달 동안 간병할 수가 없어서 직원과 함께 어르신의 거주지를 방문했다. 평소에 그 어르신은 현금을 외투 안주머니에 가지고 다녔다. 외투에 돈이 없으면 집 안 어딘가에 있을 것 같은 생각에 방 안을 살펴보았고 혹시나 해서 장판을 걷었더니 그 안에서 축축하게 젖은 돈이 나왔다. 우리는 그 돈을 병원 후문의 양지바른 곳에 가서 말려가지고 간병비로 충당했다. 나머지는 요양원에 가지고 갔고 돌아가신 후에는 국고에 귀속이 되었다.

그렇게 연고자가 없는 주민은 평소 생활부터 사망할 때까지 공무원이 책임지고 돌봐야 한다. 혹시 아픈데 돌봐 주는 사람이 없으면 집에서 쉬어도 불안할 때가 많다. 그런 돌봄이 필요한 주민들이 수십 명이 될 때도 있다.

지금은 보호방법도 다양하고 여러 유관단체와 협업해서 관리를 한다. 주민에 대한 서비스의 양과 질이 향상된 것이다. 여기까지 보면 사회복지직만 힘든 것 아니냐고 반문할 수 있는데, 행정직도 만만치 않다. 월급 받고 일하라고 합격시켜 줬는데 놀고 있으라고 그냥 놔둘 리는 없다.

매년 10월이면 노인의 날을 맞이하여 각 동에서 노인잔치를 개최한다. 노인잔치는 관내의 생활이 어려운 노인이나 혼자 거주하시는 노인들을 모시고 식사대접을 하는 행사다. 행사경비는 정부에서 지원하고, 상 차리기, 노인 안내 등은 관내에서 활동하는 부녀회 등에서 지원한다.

　그런데 부녀회 같은 직능단체가 활성화되어 있지 않으면 지원을 받기가 힘들다. 그런 경우에는 민원서류 발급담당을 제외하고 전 직원들이 직접 하는 수밖에 없다. 전 직원들이 직접 국과 반찬을 서빙한다. 동청사가 열악하므로 인근 음식점에서 개최하는데, 식당 주인은 직원들을 종업원쯤으로 안다. 직원들은 어려운 시험을 보고 합격해서 왜 이런 일까지 해야 하는지 의아하겠지만 참고 견뎌야 한다. 우선 행사를 잘 치러야 하기 때문이다.

　그 외에도 봄, 가을이면 개최되는 행사, 지역주민의 동아리 활동 지원 등 주민이 공적으로 모이는 행사에서 손발이 되어 일해야 한다. 예전에는 꽁초를 거리에 버리는 사람들을 단속해서 벌금을 부과하는 일도 했다. 단속당한 주민이 고소를 해서 법정까지 간 적도 있다. 세금 체납자에 대한 번호판 압수하기 같은 주민들의 거센 항의를 받는 일도 일선 공무원이 한다. 공무원이 하는 일은 민간에 맡기기에는 비용이 많이 들고 공정성이 유지되기 힘든 일이 많다. 공공복지서비스 제공, 건축인허가 업무는 민간에 맡기면 효율성이 떨어질 것이다. 서비스를 받는 사람이 낼 비용이 증가될 것이기 때문이다. 공무원이 하는 일은 모두 주민들의 서비스 비용을 절감해 주는 일이지 결코 세금을 축내는 일이 아니다. 주민들도 공무원에 대한 인식을 달리해야 한다.

공무원은 정년이 보장되고 기업체에 비하여 일도 편할 것이라고 여기고 막연하게 입사하는 직원들이 많다. 그렇게 입사해서 열심히 근무하다가 돌연히 사표를 내고 떠나는 직원들이 가끔 있다. 어떤 조직이든 일을 열심히 하면 일을 덜어 주는 것이 아니라 더 얹어 준다. 공무원조직도 예외는 아니다. A주무관은 성실하고 일을 잘했다. 부서에서 평판도 좋았고 항상 씩씩했다. 그런데 갑자기 사표를 내겠다고 해서 다들 놀랐고 사태파악에 들어갔다. 여러 사람들이 면담을 하고 사직을 말렸지만 뒤도 안 돌아보고 떠났다. 알고 보니 동료 직원이 질병을 이유로 휴가를 자주 내면서 업무를 신입직원에게 주었다. 혼자 끙끙거리고 있다가 돌연 사표를 낸 것이다. 정년이 보장되고 휴직제도가 보장된다는 말은 역으로 그만큼 옆의 동료가 남은 일을 더 하게 된다는 뜻이다. 그 일이 부메랑처럼 내게로 돌아올수도 있다. 공무원조직도 사람들이 생각할 때 허술해 보이지만 결코 그렇지 않다. 일을 하기 위해 모인 곳이다.

공무원이 되기로 결심하고 직장을 그만두거나 공무원학원에 등록하기 전에 먼저 공무원이 되면 어떤 일을 하고 어떤 생활을 하는지 알아보고 시작해야 한다, 막연하게 정년이 보장되니까, 일찍 퇴근하고 일도 편할 테니까, 하는 생각을 버리고 진지하게 생각해야 한다.

부모나 남들이 공무원이 편하고 좋다고 하여 무조건 수년간 돈 버려 가면서 공부하고 입사할 것이 아니라 자신이 원하는 인생과 맞는지 잘 판단해야 한다. 젊은 청춘을 몇 년씩이나 노량진 학원가에서 허비하면 되겠는가, 일단 입사하면 새출발하기도 어렵다. 부모들도 무조건 공무원이 되라고 강요해서는 안 된다. 그리고 일단 입사했으면 의식변화를 통해서 행복한 공직 생활을 하기 바란다.

# 05_
## 우리도 세금 내거든요

민원인들이 관공서에 와서 일이 제대로 안 되거나 화가 나면 제일 많이 하는 말이 있다. "내가 낸 세금으로 사는 것들이 일도 제대로 못한다."라는 말이다. "공무원이 하는 일이 뭐가 있냐?"는 말까지 할 때도 있다. 그런 말을 들으면 민원인이 불편하게 느낀 것에 대해서는 미안하지만 어떤 때는 화가 나기도 한다. 그렇게 말하는 주민들을 보면 정말 몰상식하게 보인다. 그런 주민들은 알고 보면 그렇게 많은 세금을 내지도 않는다. 주민들은 왜 공무원들을 세금을 축내는 '세금충' 정도로 아는 걸까?

공무원은 월급을 수령하기 전에 세금을 정확하게 납부한다. 직장인 월급은 유리지갑에 있는 돈이라고 하는데 정확하게 맞는 말이다. 대부분의 사람들이 공무원은 세금을 전혀 안 내는 것으로 알고 있는 것 같다. 공무원들도 월급에서 세금을 정확히 추려내고 있다. 연말정산을 하는 2~3월이면 남는 월급이 너무 적어서 힘들게 살 정도이다. 9급으로 입사하면 초임으로는 생활하기가 어렵다. 5년 정도가 지나야 좀 살 만하다. 그래서 공무원들은 굉장히 알뜰하게 살림을 하는 편이다. 그나마 맞벌이부부는 살 만하지만 혼자 버는 외벌이들은 힘들게 사는 경우가 많다. 생존을 위해서 공무원끼리 결혼하는 것 같기도 하다. 둘이 벌면 그런대로 풍족하게 살 수 있기 때문이다. 실제로 근무연수가 오래된 부부 공무원은 대부분 괜찮게 살고 있다.

사회에서 공무원에 대한 인식이 좋지 않은 것은 확실하다. 나는 평생 열심히 일했고 보람 있는 일도 많이 했다고 자부한다. 그래도 어디 가서 대놓고 공무원이라고 알리지 않는다. 알려 봤자 별로 좋은 반응이 없다. 휴가 간다고 하면 공무원이라서 휴가도 간다고 하고, 부러움 반 질시의 반응이 반이다. 사람들은 눈이 오면 눈 구경하러 가고 좋아한다. 그러나 우리 같은 하위직들은 눈이 오거나 비가 오면 집에서 대기하면서 소집순서를 기다린다. 그만큼 자신의 시간과 노력을 지불하고 있다. 대부분의 사람들이 공무원은 편하게 일하고 일찍 퇴근하면서 국민의 세금을 축내는 존재로 알고 있다. 공무원의 일이 주민의 편의를 위해서 그림자같이 이루어져서 그런 것 같다. 공무원이 하는 일은 체제 유지적이고, 자신의 재량으로 할 수 있는 일이 제한되기 때문에 적극적으로 일을 할 수도 없는 것이 현실이다.

정부에서도 공무원에 대한 긍정적인 이미지를 홍보하는 일이 거의 없다. 그저 그림자같이 없는 존재처럼 지내는 것이 미덕이다. 관선 체제 때나 민선 체제 때나 공무원에 대한 이미지는 별로 변한 것이 없다. 고령화시대가 되면서 노후 준비가 큰 사회적 문제로 부각되자 더 심해졌다. 중간에 잘리지 않고, 정년까지 편하게 일하다가 퇴직하고, 연금을 받는다며 공무원이란 직업을 시기하는 것이다.

왜 국민들은 공무원을 무능하고 부패의 온상이라 매도하면서 세금을 축내는 존재로 알고 있는 걸까? 따져 보면 우리나라에 그동안 부정부패가 만연했고, 그 과정에서 공무원들이 많이 연루되었었다. 공무원에 대한 이미지는 최악이었고 아직도 그 여파가 심한 것 같다. 언론과 매스컴에서는 정치인과 공무원의 스캔들이 연일 보도된다. 그 보도를 보면서 국민들은 욕을 해 댄다.

아무리 봐도 공무원에 대한 좋은 기사는 볼 수가 없다. 공무원에 대한 주민들의 잘못된 인식은 부메랑같이 돌아서 정부에 대한 비판으로까지 뻗칠 수 있다. 온갖 일을 하는 사람은 공무원인데 공무원이 싸잡아서 욕을 먹으니 정부시책은 항상 의심받게 된다. 정부차원에서도 좋은 일이 아니다. 사람들이 공무원을 세금도 안 내는 존재로 여기는 것은 공무원에 대한 불신의 표상이다. 국민들은 자신들이 불편한 것은 싫어하면서 불편한 것을 해결해 주는 공무원이 늘어나는 것은 거부하고 비난한다. 공무원들이 온갖 일을 하면서 숨죽이고 살고 있다는 생각은 제대로 하지 않는다.

 그 많은 공무원들이 일도 안 하고 부정부패나 저지르면서 세금을 축내는 존재라고 하면서, 한편으로는 자녀가 공무원이 되기를 원하고 수년간 공부를 하는 것을 지원하며 합격하면 기뻐하는 모순은 무엇 때문일까?

 공무원들이 제대로 대접받고 기를 펴면서 일하는 사회가 되어야 한다. 주민들과 정치인들 사이에서 이리 차이고 저리 차이면서 생활하는 공무원들이 어떻게 소명의식을 가지고 제대로 일을 하겠는가? 공무원은 세금을 축내는 존재가 아니다. 대다수의 공무원은 사명감을 가지고 자신이 맡은 업무를 묵묵히 하고 있다. 자신의 시간과 열정을 바쳐서 열심히 맡은 일을 하고 있고 세금도 정당하게 납부하고 있다.

 공무원이 행복해야 행정서비스를 받는 국민들도 행복하게 된다. 공무원들을 세금을 축내는 존재로 인식하는 것은 바람직하지 않다. 전에 근무했던 공무원들은 생계보장이 안 되는 생활을 보전하기 위해서 부정부패를 저질렀을지도 모른다. 지금은 입사하면 정년을 채워서 연금을 수령하는 것을 최선의 목표로 삼기 때문에 푼돈에 넘어가는 직원은 없다. 또한 부정부패를 예방하기 위해서 몇 겹으로 감독시스템을 갖추는 등 행정체제가 계속 보완되고 있다. 최근 입사하는 직원들의 의식 수준도 높아져서 청렴도도 예전보다 높아졌다.

 나 같은 경우에는 공공사회복지업무를 정말 힘들게 수행했다. 입사초기에는 오로지 사명감으로 일했고 일이 밀리면 서류를 집에 가져가서 하는 날이 다반사였다. 정신이 온전치 못한 주민들에게 칼로 협박을 받으면서도 사무실 문을 잠그고 일할 정도로 힘든 시절을 보냈다. 규정에 의해서 서비스가 중단된 것에 앙심을 품고 테러를 하려고 집까지 미행한 사람도 있었다.

그동안 공직생활을 하면서 알코올환자, 우울증, 정신질환자들을 돌보며 정신이 소진되는 경우가 다반사였다. 그렇게 힘들면 그만두고 다른 길을 갈 수 있지 않느냐고 할 수 있다. 그런데 사람은 너무 힘들고 자아가 약해지면 다른 방법을 시도하는 것이 쉽지 않다. 내가 한참 일할 때는 업무 때문에 소진되는 직원에 대한 배려가 전혀 없었다. 사회적 분위기도 그런 배려에 대한 인식이 없던 시절이었다. 지금 생각하면 그 많은 업무와 그 많은 다양한 사람들을 하루 종일, 일 년 열두 달 상대하면서 자신을 지킬 수 있었다는 것이 신기하다. 한참 복지서비스가 확장될 때는 직원들이 연달아 사망한 사건도 발생했다. 칼을 신문지에 싸서 가져온 줄도 모르고 상담하고 달래는 일을 했다. 공무원이고 주민에게 당연히 친절해야 하기 때문이었다. 주민 앞에서 공무원의 인권은 대부분 무시되었다. 주민이 아무리 부당한 주장을 하고 폭력을 행사해도 그냥 맞으면서 대응해야 했다. 사건 사고가 발생하면 결국은 공무원에게 피해가 갔기 때문이다.

그렇게 수십 년 동안 일을 열심히 했는데 제대로 된 평가를 받지 못하는 것을 보면 실망할 때가 많다. 물론 사회복지분야는 워낙 힘든 업무로 인식되기에 조직 내에서 일차적인 고충은 인정받고 있다. 그러나 결국 자신이 사회복지 업무를 맡지 않게 된 것만 중요하기 때문에 금방 잊어버린다. 이제는 고생은 고생이고 상응하는 보상은 별개다. 보상을 바라지도 않는다. 누가 시킨 것은 아니지만 젊은 시절을 생활이 어려운 사람을 도우며 보낸 공무원으로서, 제대로 된 평가를 받지 못하는 현실이 씁쓸할 뿐이다.

앞으로 보편적 복지서비스가 확대되면서 공무원의 숫자는 점점 많아질 것이다. 젊은 직원들은 과거에 내가 일했던 것처럼 온갖 어려움에도 참고 견디면서 일하라고 하면 다들 도망갈 것이다. 주민을 위해서 정성을 다하는 공무원이 되는 환경을 조성해야 한다. 공무원으로 퇴직하는 것이 자랑스럽고 떳떳해야 한다. 공무원도 월급 받고 일해서 생계를 유지하는 직장인으로 인식해야 한다.

공무원을 평생직장으로 생각하고 시험 대비를 하거나 근무를 시작한다면 생각을 전환해야 한다. 막연하게 취업난 때문에 맹목적으로 응시하는 것은 바람직하지 않다. 월급은 적지만 칼퇴근을 하고 싶어서 입사한다는 생각 역시 버려야 한다. 공무원은 타인의 복지를 고려하는 심성을 가져야 적응을 잘할 수 있다. 대충 대충 일하는 태도를 가지면 세금을 축내는 존재로 인식된다. 공무원에 대한 긍정적인 이미지를 확립해서 주민과 공무원의 인식 차이를 좁힐 수 있도록 힘써야 한다.

# 06_
## 생각 없이 살아야 편한 하루

사람들은 공무원 보고 생각이 없다, 영혼이 없다고 들 한다. 아마도 책임감이 없고, 잘못된 정책을 개선하거나 반영하는 데 소극적이라는 뜻인 것 같다. 공무원이 일하는 여건은 명확한 자기 소신을 펼 수 있는 환경이 아니다. 개인 의견은 그다지 중요하지 않다. 조직 전체의 방향에 따라서 일을 해야 하기 때문이다. 개성이 강하고 창의적인 성향의 공무원은 무난히 지내기 힘든 환경이다. 그렇게 주어진 규범 내에서 일을 하다 보면 마음을 내려놓고 일을 해야 할 때가 많은 것이 현실이다. 그런 면이 주민들이 보기에는 생각 없이 산다고 여겨지는 것 같다.

과거 수십 년 전만 해도 공무원이 주민에 대해서 갑이었다고 한다. 공무원이 주민에게 눈을 부라려도 아무 이상이 없었고 일처리를 제대로 안 해도 별 탈이 없었다고 한다. 진상 민원인이 오면 의자를 던지기도 하고 민원대를 뛰어넘어서 대응했다는 전설 같은 이야기도 전해진다. 아마도 SNS가 발달하지 않았고, 스마트폰으로 현장사진을 올리는 일도 없었으니 주민들은 속수무책이었을 것이다. 그 당시 공무원은 월급수준은 열악했어도 할 말은 실컷 하면서 살았던 것 같다.

지금은 주민이 갑이고 공무원은 을이 되었다. 나 같은 사람은 애초부터 을의 위치였기 때문에 갑의 마음을 알 길이 없다. 을의 마음으로 살아도 하루하루 근무하다 보면 힘든 일이 한두 가지가 아니다. 주민들은 한 가지 민원을 접수하면 직원이 끝까지 자신을 위해서 잘해 주고 친절하기를 원한다. 요새는 SNS 등 온라인 매체로 어떤 사건이 발생하면 금방 사진이 찍혀서 전국적으로 확산된다. 몇 년 전에는 주민이 폭행을 하면 그저 맞을 수밖에 없었다. 요새는 주민들의 폭행이 빈번하게 일어나는 한편 직원 인권도 강화되어서 심하게 폭행하고 생명에 위협을 가하는 경우 신고를 한다.

주민들은 관공서에 와서 공무원에게 당당히 권리주장을 한다. 어떤 주민은 공무원을 무상 서비스를 제공하는 노비 정도로 아는 경우가 있다. 거의 백화점 직원 수준의 서비스를 원하는 것 같다. 한가하게 일하는 것 같은 공무원이 자신의 일을 잘 처리해 주기를 원한다. 그런 주민들을 상대로 일일이 따지고 판단하다 보면 해결도 안 되고 자신도 비참해질 때가 있다. 차라리 마음을 내려놓고 모두 주민이 원하는 대로 일을 해 주는 것이 몸과 마음에 편하다. 공무원이 아무리 업무를 잘 처리하고 잘못한 점이 없다 해도 결국은 주민에게 불친절한 것이 오점으로 남기 때문에 마음을 내려놓고 일해야 한다.

  그래도 공무원이 주민을 위해서 끝도 없는 서비스까지 제공하기에는 무리가 있다. 공무원은 주민의 복지와 안전을 위한 봉사자지 노비는 아니다. 가끔은 어디까지 주민을 위해서 일을 해야 하는지 의문을 가질 때가 있다. 주민과 공무원의 좁혀지지 않는 어려운 현실을 어떤 방식으로든 극복해야 한다.

  공무원 사회는 정치인이 말단 행정까지 개입하고 간섭한다. 특히 자치구 의원들의 힘은 상상을 초월할 정도로 막강하다. 주민들은 잘 모르지만 구의회는 공무원 사회의 진정한 갑이다. 자치구의 의원은 일 년 열두 달 구행정에 관여한다. 구의회는 공무원이 일하는 행정부에서 세운 예산의 심의와 확정에 막강한 권한을 행사한다. 조례 제정과 행정사무감사 권한 등 행정 전반에 영향을 미친다. 그 영향력은 일반 주민은 상상을 할 수 없을 정도다. 공무원이 힘들게 사업을 세우고 예산반영을 해도 의원이 삭감하면 속수무책이다. 나는 구의원의 힘이 이 정도로 막강한 것을 공직에 입문해서 알았다. 예전에 어떤 행정고시 출신 사무관은 구의원에게 빌면서 일하는 것이 싫어서 사직했다고 한다. 지금은 공무원학원의 스타강사로 억대 연봉을 받고 있다.

구의원에게 일 년 내내 잘 보여야 한다. 안 그러면 10월에 다음 년도 예산이 통과가 안 될 수가 있기 때문이다. 어떤 해에는 예산통과가 안 되서 가예산 상태로 일을 했던 적이 있다. 우선 가예산 상태에서 저소득층 수급비나, 직원 월급 등 생계에 지장이 있는 부분의 예산을 먼저 집행했다.

이런 사정이니 해마다 10월이면 구청은 모든 직원들이 초비상 상태다. 그런 와중에 휴가를 간다는 건 상상할 수 없다. 직급이 높을수록 연가를 다 못 쓰는 것은 당연하게 여긴다. 12월이 되면 전 직원들이 지쳐서 기운이 없을 정도다.

8월 휴가철이 끝나면 직원들은 다음 연도 사업구상을 하면서 구의원과 더 사이좋게 지내야 한다. 예산통과라는 막대한 업무가 있기 때문이다. 예산통과를 무난히 하는 것은 당연하지만, 통과를 하지 못하면 무능한 직원으로 찍히기 때문에 팀장, 과장, 국장들은 밤낮없이 총력을 기울인다. 의원별로 개별 접촉도 한다. 정성을 다해서 설득하고 집으로도 찾아다니면서 예산통과를 위해 노력해야 한다. 행정부에서는 구의원에게 잘못 보이면 일을 제대로 할 수 없기 때문에 평소에도 지극정성으로 잘해야 한다. 구의원의 견제로 일을 더 잘하게 되는 긍정적인 측면도 많다. 의회 심사 때 구의원에게 망신당하지 않기 위해서 더 챙기고 수험생처럼 공부한다.

주민들은 구의원을 편하게 생각한다. 같은 동네에 거주하는 평범한 주민이 구의원으로 활동하기 때문이다. 평소에 형님,

아우님 하던 사람이 정당 활동 좀 하더니 구의원이 됐다고 생각한다. 어떤 때는 지역행사에 의원과 같이 있다 보면 지역주민들이 구의원을 아는 체도 안 하고 푸대접하는 경우가 있어서 당황할 때가 있다. 오죽하면 내가 이런 식으로 구의원을 대접하면 지역에 필요한 예산의 의회 통과에 지장이 있으니 조심해 달라고 부탁할 정도였다.

구의원 중에는 구정활동을 수년간 하면서 관련 사업에 대한 많은 지식을 쌓은 사람도 있다. 공무원보다 더 넓은 시각으로 일을 추진하는 경우도 있다. 아마도 구정활동을 하면서 경험도 쌓이고 관련 공부를 지속적으로 해서 그런 것 같다. 그런 구의원과 일을 하면 사업에 대한 이해도가 높아 소통이 잘 된다. 지역주민을 위해 일을 하는 것은 동일하나 서로 시각이 다르고 입장이 다르기 때문에 서로 견제하고 소통하면서 일을 추진하는 것은 매우 중요하다. 그런 견제세력과의 균형은 발전적인 행정수행을 위해서 꼭 필요하다. 그러나 관련 지식과 경험은 없으면서 공무원에게 군림하려는 의원들은 정말 대하기 어렵다. 매년 10월이면 구의회에서 구의원들은 소리 지르고 공무원들은 그 앞에서 죄인마냥 조아리고 있는 풍경이 벌어진다. 신규 직원들은 처음 보는 광경에 신세계를 경험한다.

공무원이 자신의 의견을 주장하고 소신 있게 행동하려면 많은 위험을 무릅써야 한다. 과거 관선이든 현재의 민선이든 단체장의 의사결정에 따라 정책이 결정되고 시행된다. 바로 밑에서 근무하는 직원들도 단체장의 결정에 어떤 이의를 대지 않는다. 물론 정책토론을 하거나 부서의견을 조합하는 회의를 개최하는 정책도 있다. 그러나 대부분 단체장과 정치인의 결정에 따라 정책이 시행된다. 선출직 공무원은 선거공약이 가장 중요하다. 직원들이 생각하기에 실효성이 없는 공약도 시행하라고 하면 만들어 내야 한다. 죽이 되든 밥이 되든 일단 해내야 한다. 예전에는 수년간 말도 안 되는 사업을 하느라 예산 낭비를 해도 반대의견 한번 못 내고 일한 적도 있다. 그렇게 잘못된 사업을 개선하기 위한 의견들은 있으나 반영되는 경우는 거의 없다. 누구도 결정을 내리기 어려운 경우도 많다. 공무원이 무슨 영화를 보겠다고 주변의 반대를 무릅쓰고 자신을 희생하면서 힘들게 살겠는가? 그저 힘든 순간이 지나가는 것이 최선이고 피하고 싶을 뿐이다. 그나마 승진이 보장되고 좋은 보직이 예정된 직원들은 목숨 걸고 모든 걸 바쳐서 일한다. 모든 중요업무와 특수사업은 특정한 직원들을 중심으로 이끌어져 나가고 성과가 나온다. 아마도 민간기업과 별반 다르지 않을 것이다.

공무원만 탓할 일은 아니다. 뭔가 제대로 일할 수 있는 환경이 조성이 되어야 하는데 아직은 요원해 보인다. 공무원은 생각 없이 살지 않는다. 여러 사람들의 입장을 생각하고 자신이 근무하고 있는 부서의 입장을 생각한다. 너무 많은 생각을 하면서 살기 때문에 하루하루 힘들다. 여기 치이고 저기 치여서 생각이 없어 보일 뿐이다. 주민들도 공무원은 주민을 위하여 어떻게 하면 제대로 일을 할 것인가 끊임없이 생각하고 있다는 것을 알아주길 바랄 뿐이다.

# 07_
## '공무원답게' 사는 방법

사람들은 서로 공무원이 되려고 하면서도 정작 공무원에 대해서는 가혹한 잣대를 대고 욕을 많이 한다. 왜 그럴까? 많은 청년들뿐만 아니라 가정주부, 퇴직자들이 공무원 시험을 준비하고 있다. 공무원 시험만 합격하면 모든 것이 다 된 것처럼 온 집안이 좋아한다. 요새는 고등학교 때부터 준비하는 경우도 있다. 그러면서도 공무원에 대한 인식은 아직도 좋지 않다.

최근에 동생이 주식계좌를 개설하라고 했다. 나는 모바일로 증권계좌를 개설하는 일이 낯설고 귀찮아서 안 하고 있었다. 그런데 매수시기가 왔다고 연락이 왔다. 아직 계좌를 개설하지 않았다고 했더니, 역시 공무원이라 느리다고 한마디 했다. 자기 친구들은 한마디 하면 얼른 산다며, 이래서 공무원은 돈을 못 번다고 타박을 했다. 개인마다 투자 성향이 다르고 안 할 수도 있는 것인데 그 상황을 공무원의 속성에다 비교를 하는 것이다. 이와는 다르게 약속시간을 잘 지키면 역시 공무원이라서 잘 지킨다고 말하기도 한다. 가족끼리도 공무원의 이미지를 이런 식으로 표현한다. 하물며 일반 사람들은 어떤 왜곡된 이미지로 공무원을 생각하고 있을까?

똑같은 일에 처하면 공무원이 절대적으로 불리하다. 전에 같은 아파트에 사는 주민과 공동으로 일을 추진할 때 제대로 안한다고 대놓고 비난을 받은 적이 있다. 공무원이 되어 가지고 늦게 제출한다고 비난하는 것이다. 늦게 제출하는 것과 공무원이라는 직업이 무슨 상관이 있는지 이해가 안 되었다. 기가 막히고 어처구니가 없어서 더 이상 상대를 하지 않았다.

사람들은 공무원에게 공인의 역할을 요구한다. 공무원이 절대 범죄를 저질러서는 안 되는 것은 말할 것도 없다. 어떤 불이익을 당해도 묵묵히 참고 견뎌야 하는 사람들로 안다. 주민들이 민원처리에 불만일 때도 가장 많이 하는 말이 '공무원이 그렇게 해도 되는 거냐.'는 말이다. 국민들이 생각하는 '공무원답다.'는 어떤 뜻일까? 공무원은 늘 무능함과 게으름의 대명사인 것 같다. 무사안일하고 수동적인 이미지이다. 인터넷에서 공무원에 대해서 검색을 해 봤다. 민원인들이 불편함을 느끼면 "공무원스럽다."고 쓴 글이 검색된다. "잘못되었다.", "열심히 일을 안 한다."도 있다. 한편 대기업에 다니면 머리도 좋고 일처리도 잘하는 이미지를 연상한다.

공무원에 대해서 좋은 이미지의 글은 거의 없다. 주민들은 자신에게 잘해 주면 당연하게 생각한다. 공무원이니까 잘해 주는 것이 당연하고 제대로 일이 안 되거나 불만족스러우면 공무원답다고 욕을 하거나 비난한다. 한편으로는 공무원에게 굉장한 윤리적 잣대를 대고 평가하는 셈이다.

공무원은 성실하고 어떤 일이 있어도 잘 참아야 한다. 실제로 공무원의 대부분이 온순하고 존재감이 없고 자기주장을 안 하는 사람들이다. 그중에 자기주장이 강하거나 추진력이 있으면 두드러지게 눈에 띌 것이다.

공무원은 규범을 잘 지키고 절대로 물의를 일으키면 안 된다. 이상한 품위유지 규정 때문에 행동에도 제약이 많다. 한마디로 영양가가 전혀 없는 무늬만 공인이다. 밖에서 바라볼 때 공무원은 참으로 편해 보인다. 공직 내부에서조차 어렵고 힘든 일을 해 보지 않은 사람들은 동료들의 고충을 잘 알지 못한다. 고질 민원이나 각종 개발 행정은 물론 재난과 사건 사고의 현장에는 언제나 힘들게 고생하는 공무원들이 있다. 예기치 못한 사건 사고에도 공무원이 일차적으로 책임을 져야 한다.

공무원은 결코 모든 업무가 쉽고 편한 직업이 아니므로 안일한 생각을 해서는 안 된다. 미리 힘든 것을 가정하고 공직 역량을 쌓아 나가는 것이 행복한 공직생활을 열어 가는 방법이다. 얼마 전에 지인이 공무원과 주민 간에는 도저히 건널 수 없는 괴리가 있다고 말한 적이 있다. 주민들은 공직자는 일한 대가를 나라의 세금으로 받는다는 생각을 하기 때문이다. 어쩔 수 없다. 때문에 더욱 공익을 생각하는 마음을 가져야 한다. 내가 하는 일이 나라와 주민을 위한 일이라는 사명감을 일차적으로 가져야 한다. 자신의 성향이 개인주의적이고 부와 명예 지향적이라면 공직생활을 진지하게 생각해 봐야 한다.

　주민들이 생각하는 안 좋은 공무원 이미지를 일시에 해소하는 것은 당분간 힘들 것 같다. 국가경제가 좋아지면 일자리가 늘어날 것이고 상대적으로 공무원 응시생이 감소하면 공무원을 일방적으로 매도하는 사태가 호전될 것이다. 전에는 신문지상에 공무원 관련 보도로 좋은 기사가 가끔 있었는데 요새는 거의 없는 것 같다. 과거 경제가 호황일 때는 한 톨의 관심도 없던 공무원이라는 직업이 이제는 신의 직장이 된 것 같아 마음이 씁쓸하다.

　대부분의 공무원들은 자신의 맡은 바 업무를 성실하게 하고 있다. 주민의 복지와 안전을 위해서 밤낮 없이, 주말도 반납하고 일하고 있다. 때로는 주민에게 폭력과 테러를 당하기도 하고, 사고도 겪으면서 묵묵히 맡은 바 일을 하는 직원들이 대부분이다. 매스컴에서 고위공무원의 정치권 결탁과 범죄를 대대적으로 보도하면서 우리 같은 하위직들까지 같이 매도당하고 있지만, 대부분의 공무원들은 어렵게 들어온 직장을 소중하게 생각하고 정년퇴직 때까지 무난하게 지내고 싶어 한다. 공무원의 부정부패는 이제 거의 보기 힘들다. 노후생활이 중요하기 때문에 한순간의 실수로 연금을 포기하려는 직원들은 거의 없다.

　주민들은 자신의 복지와 안전을 우선적으로 생각하며 공무원들이 성실하게 일하기를 원한다. 하지만 공무원들 내부에서는 공무원의 역할에 대해서 진지하게 다시 생각해 보는 모습은 거의 없는 것 같다. 근무연수가 오래된 직원들은 어느 정도 자신만의 철학이 있어서 바람직한 공무원상을 가지고 있다. 또 오래 일한 만큼 나름대로 경험과 지식이 있기 때문에 현명하게 근무하고 있다고 생각한다. 그러나 최근 입사하는 신입공무원들은 사명감보다는 취업난으로 진로를 택한 경우가 많다. 같이 이야기해 보면 공무원이 하는 일이나, 의무에 대해서 전혀 모르고 입사한 경우가 있다. 공무원의 일상에 대해서 조금이라도 알았으면 한번 더 입사를 고려했을 것이라고 한다. 한번이라도 공무원으로 살아가는 방법을 생각해 보고 입사한다면 적응하기가 더 쉬울 것이다.

　공무원에 관한 세상 사람들의 관점은 예전의 게으르고 편한 이미지에서 별로 달라지지 않은 것 같다. 사실 '공무원답게' 산다는 것은 매우 좋은 평가를 받아야 하는데 사회적으로 왜곡된 면이 많다. 공무원은 주민의 복지와 안전을 위해서 일하는 사람들이다. 그런데 나랏돈을 훔쳐 가거나 축내고 게으름이나 피우는 세금충으로 비치고 있다. 어디서부터 잘못되었을까? 나는 정부의 공무원에 대한 홍보가 부족한 탓으로 생각한다. 공무원들의 개인역량은 높아졌고, 행정업무도 다양해지고 있다. 정부시책을 아무리 공을 들여서 하면 무엇할 것인가? 모든 주민들이 공무원을 도둑으로 알고 있는 현체제에서 정부시책까지 의심받고 있는 것을 알고 있는지 궁금하다. 공무원 자신들도 공무원에 대한 자존감이 매우 낮다. 일 자체가 대부분 단순 반복적이고 개인의 역량계발에 취약한 환경에 있다. 공무원 대상으로 하는 교육이 있으나 승진에 대비한 의무교육이 대부분이다. 자존감을 높이는 교육이나 주민의 마음을 배려하는 교육은 거의 없다고 보면 된다. 더 나아가서 개인주의 성향이 강한 신입직원을 훈련시키는 체계적인 교육도 없다. 주로 상위 지자체 사업예산을 받아 오기 위한 점수따기용 교육이 대부분이다.

사회풍조의 변화로 인해 주민들의 인권과 권리에 대한 의식은 하루가 다르게 달라지고 있다. 공직생활 입문자라면 '공무원답게' 산다는 것이 무엇인가에 대해서 진지하게 생각하는 시간이 필요하다. 공무원은 주민의 복지와 안전을 우선으로 생각해야 한다. 주민들도 공무원을 봉이 아닌 봉사자로서 바라봐야 한다. 또한 주민과 공무원의 좁혀질 수 없는 괴리감 해소를 위한 홍보방법이나 교육시스템이 필요한 때가 되었다. 열악한 근무환경에서도 묵묵히 일하는 공무원의 활동을 요즘 대세인 SNS로 심층보도하거나 정부의 주요 업무를 주민과 공유하는 교육과정 등 여러 가지 방법이 있을 것이다. 주민과 공무원이 상생하면서 행복하게 살아갈 수 있는 방법을 찾아야 한다.

공무원 사회도 다른 조직과 마찬가지로 여러 사람, 여러 부서와 협업해서 일을 조정하고 과업을 이룬다. 하지만 같은 목표를 가지고 정보를 공유하고 일을 추진하는 것은 어려운 일로 여겨진다. 공무원은 주민의 복지와 안전을 위하여 일을 한다. 같은 목표를 지향한다는 공감대를 형성하고 서로 보완하는 마음가짐으로 일을 추진해야 한다. 또한 조직운영 부서에서는 공무원들이 이해관계에 있는 부서와 소통할 수 있는 시스템을 마련해야 한다.

# 2장

## 혼자 밥은 먹어도
## 혼자 일하지는 마라

# 01_
# 혼자 밥은 먹어도
# 혼자 일하지는 마라

　　최근 개인주의적 가치관이 팽배하면서 혼자 지내는 문화가 급격히 퍼지고 있다. 혼밥, 혼술 등 혼자서 지내는 세태가 유행하고 있다. 공무원 사회도 예외가 아니다. 같이 밥을 먹을 때 젊은 직원들은 더치페이로 계산한다. 전에 하던 풍습대로 팀에서 식비를 걷어서 같이 내던 관행이 퇴색했다. 저녁에도 팀이 같이 밥을 먹거나 회식을 하는 경우가 많이 줄었다. 빠른 속도로 개인주의화되고 있는 것 같다. 이런 개인주의 풍토가 다 나쁜 것은 아니다. 합리적인 방식으로 볼 수도 있다.

　　A주무관은 자기가 맡은 업무에서 탁월한 능력을 발휘하는 직원이다. 업무에 능통할 뿐만 아니라 다른 직원들도 가르쳐 줄 수 있는 능력을 갖추고 있다. A주무관이 맡은 업무는 전산으로 처리하며 혼자서 작업하는 과정이 많은 업무였다. 성실하고 꾸준하게 업무처리를 하면서 업무에 대한 노하우를 많이 쌓았고 전문성을 인정받았다. 업무를 주관하는 상부기관에서

도 인정할 정도였다. 그 업무에 서툴거나 새로 알아야 하는 직원들은 A주무관을 따랐다. 그런데 딱 그 정도였다. A주무관과 상사는 소통이 없었다. 업무 자체가 상사의 검토를 받거나 방향지시를 받지 않아도 무난히 진행되는 업무였고, 모든 절차가 전산으로 처리되었기에 상사들이 설명을 들어도 세세하게 알 수 없는 시스템이었다. 상사가 업무를 잘 몰라도 진행되는 과정은 계속 알려줘야 하는데, A주무관은 혼자서 다 처리한 것이다. 일과 외에는 개인적인 교류도 없었다. A주무관은 오로지 일만 열심히 할 뿐이었다.

그러다 보니 상사는 그 직원이 하는 일의 내용이나, 일이 얼마나 힘든지, 도와줄 것이 있는지도 알 수 없었다. 어떤 업무를 하는지 모르니 칭찬도 할 수 없었다. 이렇게 지내는 직원은 사업부서로 가기 어렵다. 공무원 사회도 일반 직장하고 비슷하다. 대외적으로 얼굴이 드러나는 업무와 다른 부서와 협조하는 업무를 더 중요한 업무로 인정한다. 상황판단에 맞는 순발력이 있어야 일이 원만하게 추진되기 때문이다.

B주무관은 덜렁거리면서도 대인 관계술이 뛰어났다. 특히 같이 근무했던 상사들은 모두 하나같이 B주무관을 좋아했다. 일처리를 무난하게 하는 데다가 상사와 잘 지냈다. B주무관과 같이 근무했던 한 상사는 좋아하다 못해 B주무관이 없으면 부서운영이 안 된다며 전적으로 신뢰를 보였다. 실제보다 과하게 좋은 평판을 받았다.

A주무관과 B주무관이 같은 부서에 근무하게 되었을 때 상사들은 B주무관을 더 높게 평가했다. A주무관이 하는 일은 기능을 익히면 누구나 할 수 있는 업무로 생각했다. 사실 상사들이 잘 모르는 업무였기 때문이다. B주무관은 부서의 일꾼일 정도로 이 일 저 일 맡아서 여러 가지 일에 참여하다 보니 정작 본인 일은 소홀해지고 그 일들이 A주무관에게 넘어가기도 했다. 두 주무관은 승진을 앞둔 라이벌 관계였다. A주무관이 보기에 B주무관은 일도 제대로 안 하고 윗사람의 눈에 들려고만 하는 불성실한 사람으로 보였을 것이다.

하지만 상사들은 B주무관 같은 유형의 직원을 선호한다. 승진하거나 인정을 받으려면 성과가 밖으로 표가 나는 사업을 해야 한다. 그래서 인정받기 위해 성과가 확실히 드러나는 사업을 새로 만들 때가 많다. 특히 민선정부 체제가 되면서 관료사회도 기업체가 사업을 하는 방식을 많이 도입하고 있다. 그런 사업들은 보통 혼자 할 수 없는 업무가 많다. 특정사안이 발생하거나 해결할 일이 있으면 TF체제로 팀을 구성하기도 하는데, 그런 팀에서는 문제 해결력이 있다고 인정되거나 사람들과 화합을 잘하는 사람을 선발한다. 여러 부서와 협업해서 일을 해야 하기 때문이다. 그렇게 일을 추진하다 보면 갈등이 표출되고 각종 문제도 발생한다. 그런 상황을 잘 해결하면서 일을 해야 한다.

혼자 일하던 습관이 굳어진 직원은 여러 가지 상황을 예측하거나 다른 직원들과 협업하여 일하는 데 어려움을 겪는다. 순발력과 추진력도 상대적으로 떨어진다. 동료들과 같이 일을 하다 보면 동료보다 일을 더 많이 하거나 동료의 일을 대신 해야 할 때가 발생한다. 때로는 상사에게 자신의 잘못이 아닌데도 질책을 받을 때가 있다. 그런 상황을 견딜 만큼 내성을 강하게 만들어 놔야 하는데 혼자 하는 업무는 그럴 기회가 없다.

C주무관은 입사해서 구청에서는 잠깐씩만 일하고 거의 평생 동안 동주민센터에서만 근무했다. 주로 인감발급 업무를 했는데 인감업무는 주민의 재산권을 지키는 중요한 업무지만 추진하는 데 큰 어려움이 있는 일은 아니다. 직원 혼자 하는 업무로 꼼꼼하고 정확한 성격이면 충분히 해낼 수 있는 업무다. C주무관은 퇴근시간에 맞추어서 집에 갈 수 있었고 나름 만족스러운 직장생활을 했다. 그런데 막상 승진시기가 도래하면서 어려움이 발생했다. 승진시기가 도래하면 근평을 받아야 한다. C주무관은 2년 동안 성적을 관리해야 한다. 성과를 내거나 힘들다고 인정하는 업무를 해야 한다. C주무관에게 서무주임 일을 하라는 제안이 들어왔지만 엄두가 안 나서 포기했다. 다른 사람을 배려하면서 협업하는 업무를 해 본 적이 없기 때문에 할 용기가 안 생긴 것이다. 결국 다른 직원에게 기회가 돌아가고 인감발급 업무만 하게 되었다. 평소에 다른 직원이 하는 업무도 같이 하면서 협업능력을 키워야 하는 이유다.

나는 사회복지업무만 동주민센터에서 10년 동안 하다가 2000년에 사업부서로 가서 일을 했다. 사업부서 업무는 생전 처음이었다. 팀에서 가장 단순한 업무였는데도 쉽지 않았던 기억이 난다. 보고서 작성은 물론이고 행사 때 기본으로 작성하는 사회카드조차도 만들 수 없었다. 처음부터 전산으로 반복하는 업무만을 주로 했고 다른 부서의 업무를 구경도 못 했기 때문이다. 조금만 배우면 알 수 있는 업무를 제대로 못 해 봐서 실수할까 봐 긴장하며 근무했다. 알게 모르게 무시를 많이 당했고 기가 많이 죽어서 지냈다.

예전에 상사들이나 인사 관련 직원들은 사회복지직이고 주로 혼자 일하는 직렬이어서 업무 능력이 떨어진다고 매도했다. 나중에는 "언제 우리가 제대로 업무를 배우기나 했냐, 그렇게 잘난 당신들은 극한 상황에 처한 사람들을 보듬어 안고 진지하게 상담을 해 보기나 했냐?"는 말도 해 주고 싶었다. 비단 나 같은 사회복지직만 해당되는 것은 아니다. 기술계통 직원들도 마찬가지로 차별을 당하고 있다. 원래 관료사회는 행정직이 갑이고 우월한 조직이다. 억울하면 행정직으로 입사하면 된다. 불평할 필요가 없다.

지금은 사회복지직 후배 직원들이 다른 사업부서에서도 일을 배울 수 있도록 개선되었다. 이창우 구청장님이 부임하면서 다양한 경험을 쌓게 하려는 취지에서 처음으로 추진한 것이다. 우리 구에서는 각 국별, 부서별로 폭넓게 일을 배울 수 있도록 직원들을 배치하고 있다. 보편적 복지서비스가 확충되면서 행정업무와 사회복지가 떨어질 수 없는 긴밀한 관계가 되었기 때문이다. 앞으로는 나같이 업무를 제대로 못 배워서 무시당하고 힘들게 살지 않는 환경이 조성될 것 같다.

공무원 사회도 다른 조직과 마찬가지로 여러 사람, 여러 부서와 협업해서 일을 조정하고 과업을 이룬다. 하지만 같은 목표를 가지고 정보를 공유하고 일을 추진하는 것은 어려운 일로 여겨진다. 공무원은 주민의 복지와 안전을 위하여 일을 한다. 같은 목표를 지향한다는 공감대를 형성하고 서로 보완하는 마음가짐으로 일을 추진해야 한다. 또한 조직운영 부서에서는 공무원들이 이해관계에 있는 부서와 소통할 수 있는 시스템을 마련해야 한다.

공무원 조직은 칸막이 부서 조직이다. 주민의 복지와 안전을 우선으로 삼고 있지만 각 부서마다 별개의 업무를 한다. 폐쇄적이고 수직적인 업무 구조로 효율성이 떨어지는 면이 있다. 관에서도 업무효율성을 높이고자 소통하면서 일하는 조직문화를 조성하려고 노력하고 있다. 이런 흐름에서 나 혼자만 잘하면 된다는 사고방식을 계속 유지하면 자연히 도태될 수밖에 없다는 것을 기억하라.

# 02_
## 자존심과 인내심의
## 최소 기준은 지켜라

사업부서에서 일을 하다 보면 예상하지 못한 여러 가지 어려움이 생긴다. 어려운 사업을 맡아 추진하는 과정에서 수많은 오해와 억측을 견뎌 내야 할 때가 있다. 사업을 추진하는 과정에서 부득이 법령을 일부 위반하거나 잘못 해석하여 집행하는 사례가 생기는데, 이런 일들이 잘 넘어가지 않고 문제로 비화될 경우에는 내부감사와 징계를 받거나 심한 경우 수사를 받고 민·형사적인 책임까지 지게 된다.

선배들은 오해받을 수 있는 일은 가급적 피하라고 조언하고 이는 공직에서 잔뼈가 굵어 가면 자연스럽게 체득이 된다. 하지만 어려운 민원이나 사업을 억지로 피한다면 무사안일주의자에 기회주의자가 될 것이다. 그러니 일부는 운에 맡기고 정도를 걸어야 한다고 생각한다. 나는 공무원이 대형 사업을 맡게 되면 예기치 못한 오해와 사건에 연루될 수 있다는 것을 실감한 적이 있다.

2016년에 시장활성화팀에서 전통시장인 남성사계시장의 고객지원센터 부지를 확보하는 사업을 추진했다. 고객지원센터는 전통시장을 이용하는 고객들과 시장에서 장사를 하는 상인들의 유휴공간이다. 고객들은 고객지원센터에서 화장실, 휴게실 등의 편의시설을 이용하고, 상인들은 교육장 및 회의실로 이용한다. 고객지원센터 건립비용은 21억 원으로 중소기업청의 공모사업에 응모하여 확보되어 있었다. 전통시장 활성화 사업은 이창우 구청장님의 중점 공약사업이었고, 2014년에 고객지원센터 건립비용을 확보하면서 대대적으로 시작되었다. 오래전부터 시장상인들의 염원이었던 전통시장 등록도 민선6기 원년인 2014년에 실현되었다. 상인들의 열정과 염원을 충분히 알았기에 고객지원센터를 반드시 건립해 주고 싶었다.

2014년부터 후보지였던 상가는 주인이 매도를 번복하여 포기하고 다른 부지를 물색하고 있었다. 그 당시는 금융권의 저금리 기조로 돈이 갈 곳이 없어 상가 쪽으로 빠르게 이동하던 시기였다. 국가에서 예산교부가 확정되어도 예산이 자치구에 도달하기까지는 많은 부처의 의결을 거쳐야 한다. 2014년에 지원 확정된 예산이 2016년 부지확보를 시작하는 동안에도 교부될 기미가 안 보였다. 계약한 돈도 없으면서 건물을 사러 다녔다. 민간인은 관에서 건물을 산다고 하면 더 올려서 팔려고 하고 배짱을 부린다. 제3의 인물을 내세워서 고양이처럼 살금 살금 조용히 사러 다녀야 했다.

고객지원센터 부지로 적합한 건물을 찾았고 매수 작업을 했다. 건물주는 2016년 1월에는 16억을 부르더니 갈수록 올려서 11월에는 19억까지 불렀다. 지금도 그렇지만 꼬마상가가 인기가 있던 시절이었다. 건물주는 계속 판다고 했다가 안 판다고 했다. 그렇다고 우리가 그 건물만 바라보고 있던 것은 아니었다. 다른 적합한 건물이 있는지 알아보고 있었으나 후보지처럼 시장에 가깝고 3층으로 구성된 건물은 아니었다. 남성사계시장은 지하철4호선 총신대입구역(이수)에 소재하고 있고 강남권 사람들까지 오는 큰 시장이었다. 기존의 시장구역을 확장할 계획도 있었다. 그렇게 되면 고객지원센터의 위치가 매우 중요하다. 이왕이면 시장상인들이 잘 활용할 수 있고 접근성이 탁월한 지역에 부지를 마련하고 싶었다.

후보지로 검토하던 부지는 시장 중간에 있어서 활용성이 매우 컸다. 건물은 비록 오래되었으나 튼튼했고 수리해서 입주할 계획을 세웠다. 우여곡절 끝에 11월에 계약금을 걸고 매수를 했다. 구에서 건물을 매수하는 과정은 민간인들의 부동산 매수 과정하고 많이 다르다. 구청 재무과의 공유지취득에 관한 절차를 거쳐야 한다. 그다음에는 구의회 의결을 통해야 한다. 그런 과정을 거쳐서 매수를 한다. 건물주가 변심의사를 계속 비쳤기 때문에 긴급하게 추진했다. 의회를 통과하고 나서 정리하던 중 취득하는 과정에서 한 가지가 빠진 것을 발견했다.

우리가 후보지로 정했던 부지는 40년 된 건물로 기준가격이 낮았다. 감정 평가액이 기준가격의 130% 이상이었다. 재심의를 거쳐야 했다. 사실 부동산 상승기에는 이런 과정을 거치다 보면 물건을 확보하기 어렵다.

그동안 상가 구입을 해 본 부서가 한 곳도 없었다. 어린이집을 확충하기 위해 건물을 사거나 땅을 사는 부서는 있다. 대부분 아파트를 사는데 아파트는 감정가가 기준가격과 근접하기 때문에 별 문제가 없다. 일을 추진하기 전에 세심한 검토를 해서 절차를 제대로 했어야 하는데 이미 매수가 끝나버렸다. 이런 사태가 일어난 것은 업무 추진과정에서 직원들이 계속 전출과 휴직으로 이동하고 건물주가 매도 의사를 번복하면서 차분히 검토할 시점을 놓친 것이 원인이었다. 그 뒤로 건물주와 아들이 나타나서 계약을 파기하고 싶다고 찾아오는 등 별일이 다 있었다. 게다가 건물에 임대차 계약기간이 아직 남은 점포가 있어서 세심한 사후 관리도 해야 했다.

여러 우여곡절을 겪은 후에 고객지원센터를 구입해서 다들 안도의 한숨을 쉬었다. 남성사계시장의 회장님과 상인들은 매우 만족했다. 고객지원센터가 확보되면 다른 경영 현대화 사업과 주차장부지 공모 등 다양한 시설현대화 사업에도 공모할 수 있다.

고객지원센터 취득을 위한 부동산거래를 직접 기안하고 추진하면서 12월 말일까지 분주했다. 남아서 마무리를 하고 싶었지만 발령이 났다. 2016년 12월 정기인사 때 복지정책과로 떠났다.

그렇게 새로운 부서에서 근무하고 있을 때였다. 2017년 11월에 감사원에서 감사가 나왔다. 국비지원사업을 조사하고 있었는데 나는 별다른 신경을 쓰지 않고 일하고 있었다. 그런데 남성사계시장의 고객지원센터 부지매입에 대한 감사가 대대적으로 시작되었다. 해당 건물을 구입하게 된 경위, 감정가와 현시가의 차이에 대한 실사, 해당건물을 사기 위해 어떤 압력을 받았는지에 대한 조사까지 했다. 그리고 해당 건물에 입주해 있던 점포에 대한 대책 없이 건물을 매입하게 된 경위까지 조사했다. 선의에 의해서 열심히 일을 했는데 감사원 감사를 대대적으로 받게 되었다. 나중에 알고 보니 국비지원사업은 예산이 크기 때문에 정치계, 단체장의 특정매물을 매수하라는 압력이 많다고 한다. 하지만 우리에게는 그런 압력이 전혀 없었다.

청 내에서 감사원 직원들이 서류수사를 하는 동안 계속 불려갔다. 불순한 의도로 해당 건물을 매입했는가에 대한 수사를 계속 받았다. 주로 하필이면 '왜 그 건물을 급하게 사게 되었나.'였다. 재무과의 취득과정 절차를 누락한 것이 고의적이었는지도 조사했다. 정당한 절차를 거쳐서 사도 되었을 텐데 급하게 산 데는 이유가 있을 것이라는 의심을 계속 받았다. 나는 계속 상가부지의 특성과 전통시장의 성장세로 부지가격이 올라가고 있었으며 건물주의 의사 번복과 매물 부족으로 급히 살수 밖에 없었다고 답변했다.

해당 업무의 기안담당자가 나였고 전임자는 휴직 상태로 잠깐 오라고 할 수 없었다. 청 내 감사가 끝나고 감사원에서 출두 통지서가 날아왔다.

2018년 봄이 시작되기 전 어느 추운 날 감사원에 가서 7시간 동안 심문을 받고 왔다. 직원들이 퇴근한 사무실에서 전기난로를 켜 놓고 저녁 늦게까지 문답을 했다. 감사원이 그렇게 추운 곳인 줄 알았으면 옷을 두껍게 입고 갔을 텐데 사전지식이 없었다. 나는 두려웠고 열심히 한 일에 대한 대가가 징계가 될 것 같아서 기운이 하나도 없었다. 지금은 담담하게 말할 수 있지만 그 당시에는 무척 속상했었다. 심문대상은 나와 부서장이었다. 같이 말을 맞출까 봐 따로 불려갔다. 원래 업무를 추진하던 전임자도 출두 대상이었으나 나는 차마 육아휴직을 하고 있는 직원까지 부르고 싶지 않아서 양해를 구했다.

다행히 전임자는 빠지고 나와 부서장이 심문대상이 되었다. 나는 오해를 받는 것도 억울한데 징계까지 받게 될 것 같아서 많이 위축되었다. 담당직원은 나보고 보기에 무척 당당하다고 했다. 전혀 아니었다. 그래도 나는 내가 한 일에 대해서 후회는 전혀 없었다. 남성사계시장 이재열 회장님과 상인들의 열정과 소원을 너무나 잘 알기에 일 추진에 대한 일말의 후회는 없었다. 이재열 회장님은 2014년 전에 전통시장 등록을 그렇게도 하고 싶었지만 공무원들이 움직이지 않아서 이룰 수가 없었다고 하셨다. 다행히 이창우 구청장님이 부임하면서 전통시장사업이 활성화되고 있었다. 이재열 회장님과 상인분들은 남성사계시장 활성화를 평생 꿈으로 여기고 열정을 쏟아붓고 있었다.

나는 조금이라도 도와 드리고 싶었다. 만약 그 당시 긴박하게 추진하지 않았다면 부지매입이 어려운 상황이었다. 나는 남성 사계시장의 안건을 어떻게 알았는지 무척 궁금했다. 건물에 세 들어 있던 점포에서 민원을 낸 줄 알았다. 알고 보니 공개 정책 회의에 상정된 안건을 보고 알게 되었다고 했다. 사안이 중요한 서류는 보안에 절대 조심해야 한다는 것을 새삼 실감했다.

나는 청 내에서 화제의 인물이 되었다. 그렇게 힘들게 건물을 사지 않고 그냥 있었으면 편했을 것이고 예산을 반납했으면 된다는 등, 자신들 같으면 시간이 들어도 절차대로 하다가 안 되면 말았을 것인데 일을 벌여 놨다는 등, 그 부지같이 좋은 건물을 샀으면 표창을 줘도 시원찮은데 너무하다는 등 말들이 많았다. 예상했지만, 어느 누구도 7시간 동안 고생했다고 말해 주는 사람은 없었다. 다행히도 담당 부서장이셨던 민영기 과장님이 각종 서류를 잘 추려서 감사담당직원에게 대응을 잘했다. 그 건물의 매입비용을 마련하게 된 경위, 건물주들의 매도 번복으로 해당 부지를 확보하기 어려웠던 일, 업무추진과정에서 직원들의 휴직, 전출 등으로 혼란스러웠던 일들을 구체적으로 설명해서 잘 넘어갔다. 진술절차가 끝나고 감사원 내부회의에서도 잘 해결되었다. 후에 현지 시정으로 처분이 내려왔다. 다행히 진실이 통해서 징계는 면한 것이다. 부서장이신 민영기 과장님의 현명한 대처로 진실이 규명되었다. 그때 발령이 안 나고 나라도 남아서 나머지 사업을 끝까지 책임지고 추진했더라면,

상황이 많이 달랐을 것 같아서 아쉬운 마음이 들 때가 많다.

　이렇게 추진과정이 복잡하고 어려운 사업을 진행하다 보면 주위 사람들의 질시도 많이 받고 때에 따라서는 오해까지 받는다. 잘못될 경우에는 징계도 받을 수 있다. 주위의 질시와 오해를 받더라도 자존심을 지켜야 한다. 나는 어려운 시기와 오해 속에서도 최소한의 자존심과 인내심을 가진다면 공직 신분을 지킬 수 있다는 것을 실감했다. 공무원은 어려운 일이 닥쳐도 주민들에게 혜택이 가고 지역이 발전하는 모습에 기뻐할 수 있어야 한다. 공무원은 비록 당장은 힘들더라도 지역주민의 복지와 안전을 위해 일하는 존재임을 한시라도 잊지 말자.

# 03_
# 나만의 취미를 가져라

지인은 발달장애가 있는 아동을 위한 치료센터를 운영 중이다. 센터에 방문한 적이 있는데 특이한 브로치를 하고 있었다. 지인이 직접 만든 세상에 하나뿐인 도자기 브로치였다. 브로치뿐만 아니라 목걸이도 만들어서 사람들에게 나누어 주기도 했다. 나도 목걸이를 한 점 선물 받아서 지금도 소중하게 사용하고 있다. 지인은 포천에 작업실을 두고 목걸이 같은 소품부터 도자기 같은 큰 작품까지 제작한다. 최근에는 전시회까지 열었다. 지인은 주로 생활이 어려운 아동의 가정을 상대한다. 아동의 치료를 위해서는 부모까지 유기적으로 상담해야 한다. 여러 가지 복잡한 상담을 하다 보면 치료자 본인도 스트레스를 많이 받는다. 도자기 제작을 하면서 스트레스를 해소하는 모습이 보기 좋았다.

전에 직장에서 직원복지차원으로 외국인과 전화를 이용하여 언어를 배우는 외국어 강좌를 운영한 적이 있다. 영어, 중국어,

일본어 강좌가 있었다. 나는 영어를 신청했고, 뉴욕에 거주하는 신디라는 미국인하고 6개월간 영어로 대화를 하면서 공부했다. 신디는 주로 주말에 무슨 일을 하고 지내는지 물어봤다. 나는 그때마다 결혼식 참석, 등산 가기에 대해서 이야기했다. 사실 주말마다 결혼식이 많을 때였다. 실제로 직원들과 등산을 가기도 했다. 그것도 한두 번이지 계속하다 보니 너무 없어 보일 것 같아서 다른 취미를 만들어서 대화를 했다.

직원들은 대체로 주말에 결혼식, 쇼핑, 등산 정도로 소일한다. 대화를 해 보면 별다른 취미가 없다. 공무원 조직이 변화가 없고 서비스직이어서인지 다들 주말에는 휴식을 취하는 편인 것 같다. 나도 별다른 취미나 특기가 없다. 단지 힘든 일이 있으면 책읽기와 여행으로 스트레스를 해소하는 편이다.

나는 대학에서 사회사업학을 전공하고 1990년에 현재의 직장에 입사했다. 그 당시에 나도 그렇고 친구들도 공공복지서비스 제공업무가 전문직인 줄 알았다. 막상 출근해 보니 전문직이 아니었다. 언제 짤릴지 모르는 별정직이었다. 지금도 그렇지만 동주민센터 업무의 절반은 공공복지업무이다. 그 일을 혼자 다 한 것이다. 밀려드는 일을 처리하면서 얼마나 서럽고 힘들었는지 모른다.

별정 7급으로 발령받아 온 우리에게 행정직들이 보이거나 보이지 않는 차별을 얼마나 했는지 잊을 수가 없다. 신분이 불안하기 때문에 업무에 대한 감사를 할 때도 제일 먼저 표적이 되었다. 업무도 제대로 못 배운 상태에서 모든 감사란 감사는 다 받고 징계는 다 받았던 것 같다. 나중에는 감사 좀 그만해 달라고 항의를 할 정도였다. 어느 조직이든지 세력이 없고 신분이 약한 무리부터 밟기 마련이다. 나쁜 일이나 기피하는 일은 같이 나누어서 했지만, 좋은 일이나 포상은 우리에게 돌아오지 않았다.

오히려 1990년대에 흔하지 않은 사회복지 전공을 한 대학 출신이라서 눈에 보이지 않는 질시를 많이 받았다. 아니꼽게 7급 수준의 월급까지 받으니 더 그러했다. 겉으로는 7급이지만 절대 인정을 해 주지 않았다. 2000년에 복지서비스 체계가 변하면서 사회복지직으로 전직을 했다. 전직을 하면서 형식적인 시험을 치렀다. 그간의 경력을 전부 인정받지 못하고 일부 경력만 인정을 받았다. 1999년 12월에 우리는 전직하기 위해 면접을 보면서 자존심에 큰 상처를 입었다. 떳떳하게 공채로 시험을 보고 입사했는데 또다시 시험이라는 형식을 치르고 재입사를 해야 했다.

우리끼리 아마도 전생에 나라를 팔아먹거나 큰 잘못을 해서 현생에 이런 어렵고 힘든 일을 하게 된 것 같다는 자조적인 말을 많이 했었다. 사회복지업무는 누구나 하기 싫어하고 기피하는 업무였다. 행정직들이 제일 못 할 일이 어려운 사람들의 이야기를 끝도 없이 들어 주는 일이라고 했다. 그래도 나도 그렇고 다른 구에 근무하는 선배들이나 친구들은 책임감을 가지고 끝도 없이 밀려드는 업무를 잘 해냈다. 힘들 때는 다른 자치구에서 근무하는 소명감 있는 선배들을 만나서 큰 힘을 얻었던 기억이 생생하다. 특히 사회복지공무원의 전설이신 김진학 선배님을 비롯하여 다른 구에서 소명감을 가지고 일하시는 선배님께 의지하면서 철학을 배우고 기운을 얻었다.

그렇게 입사 초기에는 속으로 울고 참고 견디면서 지냈다. 일이 힘드니까 민원인과 다툼도 있었다. 그럴 때 누구 하나 편을 들어 주고 챙겨 주는 상사는 없었다. 내가 다 알아서 북 치고 장구 치는 형상이었다. 경력은 조금씩 쌓여 갔지만 나의 경험과 능력으로는 도저히 감당할 수 없는 일들을 하면서 나의 심신은 점점 소진되었다. 지금이야 경력도 쌓이고 노련해져서 할 수 없는 것은 한계를 지으면서 정리할 수 있지만, 그때는 모든 문제가 나 때문이라는 정신병 초기 증세로 일을 했던 것 같다. 일을 너무 과도하게 하면 편집증세가 오고 병이 될 수 있다. 지금은 직원들의 심신 소진에 대한 예방교육을 많이 하고 배려도 해 준다.

공공복지서비스 지원 업무는 원래 극한 업무이다. 대상자들은 질병, 노령 등으로 경제활동을 할 수 없는 알코올 중독자, 정신질환자, 독거어르신, 노숙자 등 인생의 막다른 상황에 처한 사람들이다. 이런 사람들을 돕는 일은 생각보다 무척 힘들다. 우선 도와주는 사람의 자아부터가 강해야 한다.

칼을 들고 항의하는 정신분열환자에게 1년 동안 시도 때도 없이 시달린 적도 있었다. 근무시간에 하도 난동을 부려서 일하다 말고 집으로 간 적도 있다. 내가 있으면 다른 사람들도 일을 제대로 할 수 없기 때문에 조퇴했다. 차를 가지고 다닐 때여서 광릉수목원에 가서 안정을 취하고 집에 갈 때도 있었다. 어떤 때는 가정방문을 나갔다가 도로 사무실에 못 들어가고 그 민원인이 집으로 돌아가고서야 들어갔다. 아침에 눈뜨면 업무 시작 전에 줄지어 앉아 있는 주민들을 상대하러 갈 생각에 일어나기가 싫을 정도였다. 출근하는 것이 너무도 힘들었지만 혼자서 업무를 처리해야 하므로 휴가를 내기 어려웠다. 대직자가 있었지만, 복잡한 업무를 하기 싫은 직원은 내가 가정방문을 나가 있을 때조차도 도로 들어오라고 찾곤 했다.

우선 살기 위해서라도 그만 사직해야 하는 건 아닐까 생각했었다. 그러면 그만두지 왜 버텼냐고 묻는다면, 생활이 어렵고 자아가 약한 사람들과 지내고 시달리면서 내면이 많이 약해져서인지, 다시 새롭게 무엇을 시작한다는 것이 어려웠기 때문이라고 대답할 수밖에 없다. 대신 친구들과 전국 방방곡곡으로 놀러 다니면서 하루하루를 버텨 냈다. 주말에 출근해야 할 일이 있으면 상사에게 사정 이야기를 하고 쉬었다. 공공복지서비스 제공 업무를 하는 많은 직원들이 질병에 걸리거나 극심한 고통을 호소하며 자살했다. 극한 상황에 처한 사람들과 지내다 보면 같이 미칠 것 같고 자존감이 많이 떨어진다.

지금 근무하는 상사들이나 동년배들은 그 당시 내가 근무하던 그 환경을 너무 잘 안다. 그들은 아직도 그 당시 내가 한 것처럼 사회복지직은 힘들게 일해야 한다는 고정관념에 사로잡혀 있다. 그래서 지금 입사하는 사회복지직 직원들은 일을 제대로 안 하고 편하게 지낸다는 편견을 가지고 있는 것 같다.

서울시에서 '찾아가는 동주민센터' 사업을 실시하면서 사회복지직 공무원들이 대거 입사했고 동주민센터에 배치되고 있다. 가정방문을 통해서 서비스 대상자를 찾아내는 업무를 주로 하는데, 차분하게 방문하고 상담하는 모습을 보면 종종 일을 안 하는 것으로 간주한다. 예전에 우리들이 하루 종일 쉬지 않고 일하던 모습을 투사해서 그런 것 같다. 나는 생각이 다르다. 현재 신규직원들이 일하는 환경이 정상이다. 그 옛날 내가 일하던 근무환경은 있어서는 안 되는 상황이었고 앞으로도 있어서는 안 되는 근무환경이다. 직원이 행복해야 주민도 행복하다. 나는 별정직으로 공직생활을 해서인지 비정규직의 심정을 이해한다. 지금은 직원들이 대거 입사했고 대직체제가 잘 되어있다. 직원 복지 차원에서 휴가도 권장하는 추세다. 지금 같으면 직원이 심신이 소진되어 힘들어하면 적절한 조치를 취할 것이다.

나는 그 어려운 시기를 책 읽기, 여행 다니기, 사진 촬영하기, 그림 보러 미술관 다니기 등으로 버텨 냈다. 좋아하는 책을 보러 광화문에 있는 교보문고에 가서 사람들이 자기 계발을 하는 모습들도 보고 오곤 했다. 책의 세계로 현실도피를 한 것이다. 아마도 책 읽는 취미가 없었으면 그 상황을 견디기가 더 힘들었을 것이다. 전공서적에서 사람들의 행동구조도 공부하고 원인도 찾으면서 이해하려고 노력했다. 인문학서적을 통해서는 나의 마음에 쉴 공간을 주었다. 또한 친구들과 여행을 다니면서 힘든 마음을 달래고 위안을 받기도 했다. 그렇다고 내가 그동안 참고 살아왔으니 당신도 역시 참으라는 이야기는 아니다. 내가 힘들게 지내던 시절 같은 상황은 이제 오지 않을 것이다. 그런 힘든 상황이 다시 일어나선 안 된다.

그러나 업무량과 강도는 약해도 각자 느끼는 어려움은 같다. 사람마다 느끼는 정도는 다르기 때문이다. 때문에 각자에게 맞는 취미를 계발해서 스트레스도 없애고 즐거운 직장생활을 해야 한다.

공무원 조직은 주민에게 끊임없이 나를 낮추고 무형의 서비스를 제공하는 서비스직이다. 자칫하면 상처 받고 쉽게 에너지가 소진될 수 있다. 지루하고 감정소모가 일상인 조직에서 지치지 않도록 자신에게 맞는 다양한 방법을 찾아야 한다. 취미생활을 가지면 더 행복한 공직생활을 꾸려 갈 수 있다. 자신의 능력을 발휘하고 인정받는 데 필요한 활력을 얻을 수 있다. 더 나아가서 공무원이 행복하면 그 기운이 주민에게 영향을 준다. 지금부터 당신의 일상을 의미 없는 시간으로 보내지 말고 자신만의 특색 있는 취미를 계발해 보자.

# 04_
# 조직의 DNA를 빨리 체득하라

"저 이 업무 못 하겠어요. 잠잘 때 악몽도 꾸고 힘들어요."

"어떤 일이 힘든데?"

"저 이 일 하다가 경찰서에 잡혀갈 것 같아요. 죄송해요."

"내가 업무 다 챙기고 있고, 든든한 과장님이 계시잖아, 믿고 따르면 돼."

"죄송해요. 저 못 하겠어요."

결국 A주무관은 인사팀에 고충 요청을 하여 다른 부서로 이동했다. A주무관은 국가직으로 근무하다가 일이 너무 고되서 지방직으로 입사했다. 승진할 때가 된 직원이었고 능동적으로 일할 것으로 판단하고 업무를 맡겼다. 국가직으로 입사하기 전에는 전자공학과를 졸업하고 대기업에서 근무하다가 구조조정 전에 사직했다고 한다.

2016년 당시, 내가 근무하던 팀에서는 전통시장의 시설 현대화와 경영 현대화 업무를 추진하고 있었다. 시설 현대화 사업으로 조형물 설치 업무를 했다. 전통시장 4개소에 설치 작업을 하기로 하고 2억 원의 예산을 조달청에 발주하여 용역업체를 선발했다. 2개 용역업체와 계약을 하고 협상을 하면서 일을 추진했다. 민간업체와 기한 내에 업무를 추진하는 것은 생각보다 힘들다. 기술업무는 담당 공무원보다 민간업체가 많이 알고 있기 때문에 주도권을 가지고 일하는 것이 쉽지 않다. 처음 계약할 때는 민간기업이 을이지만, 계약하고 나면 갑으로 바뀐다. 다 그런 것은 아니지만 정부공사 입찰에 참여하는 기업들은 정부예산을 눈먼 돈으로 아는 것 같았다.

조형물 설치 업무는 관과 업체 그리고 조형물을 설치할 전통시장의 상인, 주민, 동주민센터 직원들이 공청회를 거쳐서 추진했다. 예전에는 공청회 없이 만들어서 설치하면 끝이었다고 한다. 조형물 제작 설치를 하면서 전통시장 4개소에 디자인도로포장을 같이 했다.

디자인 도로포장은 예산에 맞추어서 포장구간과 문양 및 색상을 결정해야 했다. 전통시장 4개소에 두 가지 공사를 함께 추진하려면 하루 24시간이 모자란다. 또 용역업체와 대등한 관계에서 일하려면 기술적인 지식이 부족하더라도 주도적으로 일해야 한다.

조형물을 설치하는 장소를 결정하면서 의사결정이 필요한 일들이 계속 발생했다. 조형물을 설치할 곳을 파 보면 한전의 전기선을 묻어 놓은 것이 나타났고, 어떤 곳에는 하수관 옆에 설치하면서 관이 터지지 않게 조심해야 했다. 조형물이 자신들의 사업장의 간판을 가린다고 구청에 민원을 내는 경우도 있었다. 어차피 돈 떼일 염려도 없으니 느슨하게 일하는 업체 때문에 골머리를 앓기도 했다.

A주무관은 한전의 전기시설물 위에 조형물을 설치하는 것에 스트레스를 많이 받았고, 용역업체와의 주도적인 협상도 힘들어했다. 또한 디자인 도로포장을 하면서 설계변경과 포장공사에 따른 주민들의 항의를 견디지 못했다. 안건마다 3자간의 의견을 조율하고 진행사항을 보고해야 하는데 제대로 파악을 하지 못했다. 업체와 계약한 후 최종 결정하는 데 여름에 시작해서 찬바람이 불 때까지 3개월이 걸렸다.

그는 구에 와서 동주민센터에서 청소 업무를 했고 보고 기안문을 제대로 작성해 본 적이 없다고 하였다. 기안문도 제대로 해 본 경험이 없으니 사업부서에서 일할 준비가 안 된 상태였다. 언젠가는 발령이 날 것이고 승진대상자는 사업부서로 보내서 일을 더 많이 준다는 것을 유념하지 않았던 것이다.

A주무관은 부서에 배치되었을 때 빠른 속도로 업무를 익혔어야 했다. 현 부서의 주요 업무를 파악하고 어떤 목표를 가지고 부서원들이 일을 하는지 숙지해야 했다. 업무지침도 정확히 알고 내가 이 부서에서 어떤 목표로 일해야 하는가, 어떻게 일을 추진할 것인가, 과장과 팀장의 업무스타일은 어떤가, 업무추진을 위해서 어떤 부서, 어떤 사람들과 네트워크를 형성해야

하는가에 대한 명확한 사고가 필요했다.

현명하고 똑 부러지게 일하는 직원들은 부서장이나 팀장이 새로 오면 사업추진 방식, 선호하는 문서스타일, 보고 방법까지 사전에 조사한다. 아침에 몇 시에 출근하고 저녁에는 언제 퇴근하는지 등 디테일하게 파악한다. 그러면 새로운 상사가 왔을 때 서로 빠르게 적응할 수 있다.

A주무관이 떠나고 육아 휴직을 끝낸 후 복귀한 B주무관이 새로 왔다. B주무관은 비록 휴직을 했고, 복귀하고 곧바로 일을 맡았지만 빠른 속도로 업무 파악을 하였다. 부서, 상인들, 업체 간의 조율도 원활하게 이끌어 냈다. 부서의 업무목표, 과장과 팀장의 업무 스타일을 정확히 파악하고 일을 추진했다. B주무관이 업무를 맡으면서 사업추진이 안정되었다.

사업을 추진하면서 생각지도 못했던 돌발 상황이 계속 발생하고 각종 민원이 발생하였다. 근무시간에 발생하면 좋으련만 퇴근 시간이나, 주말에 발생할 때가 많았다.

B주무관은 어린 자녀들을 키우는 맞벌이 아내로 아이가 아프기라도 하면 조퇴를 해야 했다. 주위에 아이들을 돌봐 줄 친인척이 없어서 남편과 번갈아 가며 휴가를 냈다. 그런 상황에서도 의연하게 일을 추진하였다. B주무관은 그렇게 업무수행을 잘했고 승진한 뒤 퇴근시간이 일정한 곳으로 이동했다.

공무원 조직은 인사발령을 주기적으로 실시한다. 업무도 계속 바뀐다. 보통 2년 사이에 다른 부서로 이동한다. 나 같은 사회복지직은 퇴직할 때까지 사회복지 업무를 하지만 일반행정직은 그렇지 않다. 어떤 부서에 발령이 나든 빨리 적응해서 업무를 할 수 있어야 한다. 동주민센터에서 등초본을 발급하다가, 체육문화과에 발령이 나서 지역축제 업무를 하게 될 수도 있다. 새로운 업무를 누가 가르쳐 주는 일은 거의 없다. 전임자와 현임자가 업무인수인계를 하고 보고결재를 하면 끝이다. 그때부터 각자 알아서 업무를 익힌다. 각자의 능력과 열의에 따라 업무숙지 속도가 달라진다.

나는 2015년 7월부터 2016년 12월까지 일자리경제담당관 시장활성화팀장으로 근무했다. 원래 사회복지직은 일반행정직 업무에 보직을 주지 않는데, 이창우 구청장님이 파격적으로 발령을 내셨다. 처음 있는 일이어서 모든 직원들이 놀랐던 기억이 난다. 보직을 받고 곧바로 업무 파악을 시작했다. 일자리경제담당관은 부구청장 직속으로 과장의 재량이 매우 컸다. 그만큼 부서의 비전과 목표, 사업 추진에 있어 과장의 역할이 큰 부서였다. 다행히 민영기 과장님과 나는 업무 스타일이 잘 맞았다. 그전 부서에서 동작50플러스센터 건립을 추진하면서 교류가 있었다. 업무스타일이 청 내에서 독보적이어서 배울 점이 많았다. 사업 콘텐츠가 다양하고 기획력이 뛰어난 분이었다. 상인들에게 많은 사업을 해 주고 싶어 하는 마음을 알 수 있었다.

나는 전통시장 활성화 업무를 파악하기 위해서 인터넷에서 정보를 수집하고 관련 책과 자료들을 계속 읽었다. 도서관에서 시장과 영업에 관한 책을 거의 다 빌려다 읽은 것 같다. 매장인 테리어, 매출향상 등 시장과 관련된 책은 닥치는 대로 읽었다. 그렇게 책을 읽고 정리를 하고 나니 용역업체, 상인들, 컨설팅 관련자에게 절대 밀리지 않았다. 담당부서에서 알아주고 같이 공감하니 관련자들과의 소통이 더 순조로웠다. 그중에 일본에서 출간한 『전통시장 이렇게 살린다』, 시정개발 연구원의 「전통시장 활성화 방안」에 대한 보고서를 교과서로 삼아 공부했다. 책을 발췌요약하면서 '우리 시장에 어떻게 반영할 것인가', '다른 지방단체는 어떻게 추진하고 있는가'까지 공부했다. 그리고 공모사업을 추진하면서 알게 된 시장 컨설팅 전문 교수님들과의 교류를 통해 많은 지식과 경험을 쌓아 갔다. 그렇게 3개월을 근무할 때쯤 완전히 업무파악이 되었다.

변화를 두려워하거나, 공무원이 되면 편하게 일해도 될 거라고 착각하고 입사한 사람들은 큰코다칠 수 있다. 새로운 부서에서 일하게 되면 빠른 속도로 부서의 특성과 업무를 파악해야 한다. 조직에서는 당신이 적응할 때까지 기다려 주지 않는다. 그 자리를 채울 사람은 많다. 기회를 얻고 능력을 인정받고 싶으면 유연한 사고방식을 갖추고 변화에 능동적으로 대처해야 한다.

# 05_
# 아무도 알아서 도와주지 않는다

정부에서 일자리 확충 로드맵에 의한 현장중심의 공무원 채용과 더불어 베이비붐 세대에 태어난 공무원들이 퇴직하면서 신규 공무원이 늘어나고 있다. 앞으로 더 늘어날 추세다. 요즘은 연령제한이 없어서 나이가 많은 사람들이 공직에 입문하는 경우가 많다. 그런데 나이는 많은데 이것저것 물어보기에는 자존심이 상한다. 조직의 분위기가 위계질서를 중시하다 보니 적응하지 못하는 직원들이 의외로 많다.

합격한 후 직장생활의 기쁨은 금방 지나간다. 처음에는 업무 소개도 해 주고 친절하지만 조금 있으면 현실에 적응해야 한다. 공무원조직은 사기업처럼 체계적인 교육을 시키거나 보살핌을 해 주는 것이 없다. 6개월 수습기간이 지나면 자기가 맡은 업무에 대해서는 책임을 져야 하고 각자 알아서 일해야 한다. 내가 처음 입사했을 당시만 해도 비중 있는 업무는 맡기지 않았는데 요새는 신규직원이 오면 수습과정 없이 책임 있는 업무를 맡긴다. 신규직원이 입사하거나 전입을 오는 직원이 있어도 알아서 도와주는 일은 거의 없다. 기본사항 정도를 알려 주면 각자 알아서 업무를 익혀야 한다. 직원들의 학력도 높아졌고 연령이 높아서인지 대부분 업무를 척척 해낸다.

A주무관은 나이 들어서 공무원 생활을 시작했다. 업무숙지 능력이 조금 뒤처지는 직원이었다. 요즘은 나이 많은 직원들이 대거 입사하기 때문에 예전처럼 나이 들어서 입사했다고 더 배려해 줄 수 없다. 나이 많은 직원들이 워낙 많고 위계질서 유지상 일일이 다 대우해 주기 어렵다. 그런데 그 직원은 옆의 선배가 친절하게 자세히 업무를 알려 주지 않는다고 불평불만을 계속했다. 옆의 선배 직원은 매우 억울해했다. 자신이 생각하기에는 자세하고 친절하게 알려 주었는데 만족하지를 않으니 당황해했다. 서로 불신과 불만이 팽배하게 되고 사이가 멀어지게 되었다. 각자 조용히 배우면서 일하는 것이 관행인데 A주무관은 과도하게 자신을 보살펴 달라고 주장했다. 부서에서는 신규 직원은 직원대로 옆의 동료는 동료대로 이미지가 안 좋게 되었다.

내가 처음 입사했을 때는 아예 입사한 날부터 책임이 막중한 업무를 처리했다. 기다렸다는 듯이 인정사정없이 업무를 맡겼던 것 같다. 배울 틈이 없을 정도였다. 비웃는 건지, 기대를 하는 건지 전문직이 왔다고 다 해 보라는 식이었다. 별정직이었고 선배도 없어서 업무를 배울 만한 직원도 없었다. 지금도 그렇지만 공공복지서비스 제공업무는 그 당시 직원들이 기피하는 업무였었다. 있을 수 없는 일이지만 사무실의 청소하시는 분이 업무를 거의 하고 있어 그분에게 업무를 배울 정도였다. 나의 사수는 가르쳐 주는 것이 없었고 출근하면 어디론가 나가서 얼굴을 볼 수 없었다. 나는 그런 사람이 되지 말아야겠다는 생각을 하면서 일을 했다.

처음 업무를 시작할 때 지역에 큰 수해가 났다. 다들 밤낮 없이 일을 하고 주말에도 나와서 뒷수습을 했다. 나는 직원들이 다 퇴근한 저녁에도 혼자 남아서 일을 했다. 사수가 휴가를 가도 나는 휴가를 안 가고 일을 할 정도였다. 지금은 그 당시처럼 불성실하고 근무 태만한 직원들은 거의 없다. 직원들의 학력수준과 인성이 예전보다 많이 향상되었기 때문이다.

공무원 조직은 칸막이 조직이다. 신입직원이 제대로 일을 가르쳐 주는 선임을 만난다는 것은 행운 중의 큰 행운이다. 일을 잘 가르쳐 주는 선임과 좋은 관계를 유지하면 조직 내에서 빠른 성장까지 기대할 수 있다. 인정을 받고 금방 승진하는 능력 있는 선임의 영향을 받을 수 있다. 기대와 다르게 자신의 능력보다 어려운 업무를 맡게 될 경우가 있을 땐, 불평하는 대신 상황을 극복하기 위한 방법을 생각하고 도움이 될 만한 자원을 찾아야 한다. 자신의 업무에 도움이 되는 경우에는 자존심을 내려놓고 배워야 한다. 주어진 환경에서 빠르게 적응하는 사람이 살아남는다.

어떤 조직이든 사람 사이의 관계가 중요하고 좋든 싫든 그 관계 속에서 도움을 주고받으면서 살아야 한다. 전에는 정보를 공유할 수 없었다. 인터넷이 본격적으로 보급된 시기는 2000년부터이다. 그조차도 모든 직원들이 인터넷을 검색할 수 있는 것도 아니었다. 팀별로 1대 정도 볼 수 있었다. 선임이 보고 있으면 신규직원들은 곁눈질이나 했다.

문서를 수작업으로 할 때는 좋은 보고서를 많이 가지고 있는 사람이 승자였다. 보고서는 공무원 간에 의견을 교환하고 소통하는 제2의 언어라고 할 수 있다. 어떤 안건이 있을 때 우선 한 쪽짜리 보고서부터 출발해서 단계마다 보고서를 작성한다. 공무원들은 이 보고서를 바탕으로 업무협의를 하고 사전정보를 얻어 낸다. 그래서 적극적인 공무원들은 발령이 날 때마다 좋은 보고서를 가지고 다니면서 일을 했다. 어떤 공무원은 후임자를 견제해서 모든 서류를 삭제하고 가는 경우도 있었다. 지금은 모든 공문서를 내부 결재망에서 검색할 수 있게 되어서 원하는 정보를 얼마든지 구할 수 있다.


전임자의 서류를 참고하면서 일을 할 때, 무조건 그것만 참고하면 실수할 때가 있다. 전임자가 하던 일이 애초부터 틀린 경우도 많다. 보고서를 검토하거나 결재할 때 상황에 안 맞고 논리에 안 맞게 만들어 오는 직원이 가끔 있다. 전임자의 서류 자체가 틀렸는데 의심도 안 하고 그대로 가져온 것이다. 지적을 하면 전임자 서류를 보고 왔다고 한다. 상사가 틀렸다고 하면 다 이유가 있는데 굳이 변명을 하는 직원이 있다. 상사가 이의를 제기하고 다시 검토하라고 하는 데는 다 이유가 있다. 보고서는 그 사람의 얼굴이다. 보고서 한 가지로 평판이 달라질 수 있다. 신중하게 작성해야 한다. 모든 조직생활이 그렇지만 신규직원이라고 자발적으로 나서서 업무를 알려 주고 챙겨 주는 일은 거의 드물다. 본인이 알아서 공부하고 단련해야 한다.

부서에 따라서는 입사 전에 생각했던 업무와 많은 차이가 있는 것에 실망을 할 수 있다. 동주민센터에서 근무하는 경우 시험 과목과는 너무 많은 차이가 있는 것이 현실이다. 정부에서 내려오는 정책 중에 빠르게 시행할 필요가 있는 경우 공무원들을 동원한다. 예전에 국민연금 가입독려를 했던 기억이 난다. 각자 가입 할당량이 있어서 실적이 안 나오면 질책을 당하고 휴가를 갈 수 없던 적이 있다. 수십 년이 지난 지금도 그다지 달라진 점은 없다. 역시 역사는 반복되는 것 같다. 무단투기 쓰레기 단속, 이면도로 청소, 눈이 오는 경우는 염화칼슘 배부, 눈 치우기 등까지 안하는 일이 없다. 행정일이 따로 있는 게 아니다. 주민의 복지와 안전을 위한 일은 무엇이든지 빠르게 제대로 해야 한다. 본인이 성의가 있고 열의가 있으면 어떻게든 업무에 필요한 기술을 익혀서 빠르게 적응할 수 있다. 일하는 과정에서 업무에 필요한 기술이 있으면 저녁에 퇴근해서 배우든지, 선배들의 노하우가 필요하면 차 한 잔, 밥 한 끼 대접하면서 배울 수도 있는 것이다.

입사초년부터 조직생활을 잘하기 위해서는 본인 스스로 업무숙련을 위해서 노력을 해야 한다. 빠른 시일 내에 업무를 익히고 미숙함을 벗어나도록 스스로 끊임없이 정진해야 한다. 공무원 조직은 일반민간기업처럼 신입직원을 위해서 체계화된 교육제도가 미비하다. 열악한 교육환경에서 안일하게 지내다 보면 자연스럽게 능력이 퇴화된다. 끊임없이 자신의 단계에 필요한 업무능력을 적극적으로 익혀야 행복한 공직생활을 할 수 있다.

# 06_
## 나에 대한 기준을 세우고
## 흔들리지 마라

공무원이 조직에서 인정받는 기준으로 가장 큰 것이 승진이다. 승진 시즌마다 발표되는 명단에 자신이 없을 때는 가슴에 구멍이 뚫리는 것 같다. 나이 든 남자 직원은 승진을 자존심의 문제로 여긴다. 퇴직 전에 5급은 하고 나가고 싶다고 한다. 남자들만 그럴까? 여직원도 승진에 대한 승부욕이 만만치 않다. 승부욕은 남녀를 떠나서 기질적인 차이에 있다고 생각한다. 그런데 승진을 하기 위해서 노력하는 방법을 들어보면 꼭 그렇게까지 해야 할까 하는 생각이 들 때가 있다.

예전에는 상사의 집에 가서 김장을 해 주는 등 집안 대소사 일을 도맡아 했다는 전설 같은 이야기가 있다. 아무래도 관선 체제에서는 많이 그랬던 것 같다. 대기업에 다니는 지인들에게 물어보면 대기업도 더하면 더했지 덜하지는 않다고 한다. 지금은 공무원 사회도 좋아져서 상사의 개인 대소사까지 챙기지는 않는다.

승진을 하려면 가만히 있어서는 안 된다. 저절로 되는 일은 거의 없다. 공무원은 1년에 2번 서열명부를 작성한다. 근무부서에서 부서장이 평가한 자료를 해당국에서 취합하여 다시 서열을 정한다. 평가항목에는 근무태도, 기획력, 창의력 등의 항목이 있다. 서열은 어느 정도 객관적으로 만들어진다. 9급에서 8급이 될 때는 서열대로 승진하는 것이 가능하다. 9급일 때는 아직 개개인에 대한 능력도 제대로 알 수 없다. 부서별로 줄 세워서 나란히 차례대로 진급시킨다. 8급에서 7급으로 진급할 때도 거의 서열대로 된다고 보면 된다.

상위직으로 갈수록 서열과는 별다른 상관이 없다. 평상시 업무량과 능력은 기본이다. 승진하고 싶어 하는 사람은 다들 일은 기본으로 한다. 야망이 있고 영리한 직원들은 평소에 대충하다가도 승진할 때가 되면 승진하기에 좋은 자리를 찾아서 간다. 그리고 열심히 일을 한다. 일은 당연히 잘해야 하고 인간성이 좋아야 한다. 여기서 인간성이란 그냥 사람이 좋으면 된다는 뜻이 아니다. 그런 사람은 '사람은 좋다'는 평판은 받을 수는 있지만 인간성만 마냥 좋으면 어느새 동료들과 후배들이 치고 올라온다. 그 스트레스는 이루 말할 수가 없다. 새로 입사한 직원 중에 공무원은 때 되면 승진하는 것 아니냐고 하는 직원이 있었다. 다들 이구동성으로 잘못 알고 있다고 한마디 한 적이 있다.

부서뿐만 아니라 조직 내에서도 좋은 평판을 쌓아야 한다. 과거에는 자치구 간 교류도 원활해서 근무하기 싫거나 직원들과 껄끄럽게 되면 새로운 출발을 하고자 쉽게 떠날 수 있었다. 지금은 다른 곳으로 이전하는 것이 매우 힘들다. 자치구 간 이동은 해당 직급 간에 교류를 한다. 내가 타구로 가고 싶어도 우리 구로 오고 싶어 하는 동일 직급 직원이 없으면 갈 수 없다. 구 내에서는 같은 직급으로 통상 2년마다 부서를 옮길 수 있지만 타구로의 이전은 합의가 안 되면 거의 불가능하다고 보면 된다.

솔직히 말해서 자신을 밀어주는 상사나 어떤 특정한 세력하에 있다면 동료와의 관계는 보통으로 유지해도 좋다. 그러나 상사와의 관계는 매우 중요하다. 상사가 부하를 제대로 알아야 승진하기 좋은 자리에 보내 주고 좋은 평을 해 줄 것 아닌가. 상위직은 능력만으로 승진하는 것이 아니다. 그 정도까지 도달한 사람들은 다들 일은 기본으로 잘한다. 어떤 사람은 그 이상으로 잘한다. 어떤 사람은 일중독자같이 일하기도 한다.

좋은 인간 관계망은 갑자기 형성되지 않는다. 입사 때부터 일은 기본적으로 잘하고 자신에 대한 좋은 평판을 유지해야 한다. 특정한 모임도 꾸준히 나가야 한다. 모임에 나가려면 시간과 비용을 많이 투자해야 한다. 세상에는 그냥 되는 것이 없다. 상사가 특정한 운동을 좋아하면 자신이 좋아하고 수십 년간 하던 운동은 포기한다. 안 되는 운동을 억지로 배우고 주말에 시간 내서 얼굴을 내밀어야 한다. 안 보면 잊힐까 봐 불안하고 다른 직원을 간택할까 봐 불안하기 때문이다. 그렇게 모임을 만들어서 연줄을 형성하는 것이다. 이것을 우리는 ○○○ 라인이라고 한다. 그 라인에 들어가면 끌어 주고 밀어주는 좋은 관계가 형성되고 승진은 쉽게 된다. 야망이 있는 직원은 그 라인에 무척이나 들어가고 싶어 한다. 그런데 아무나 그 라인에 넣어주지는 않는다. 잘 아는 사람, 마음에 드는 속칭 '이쁜' 직원만이 들어갈 수 있다. 그 이쁜 직원도 목표를 위해서 나름대로 투자를 한 것이다. 제3자가 보면 조선시대나 현대사회나 똑같이 돌아가는 것 같다.

상사나 동료들이 보기에 일도 잘하고 이쁜 직원이 승승장구하면 축하해 주어야 하는데 그 노력을 질투하고 매도하는 직원들도 꽤 있다. 자신을 반성하고 노력해야 하는데 그런 라인에 서지 못하는 것을 남 탓으로 돌리는 것이다. 승승장구하는 직원의 노력은 인정해야 한다. 그런데 이렇게 잘되는 경우도 있지만 연줄을 잘못 잡아서 실패한 사람도 많다. 이럴 때 우리는 '관운이 없다'고 한다. 물론 능력 있고 영리한 직원들은 정치판이 바뀌어도 잘 나간다. 기본적인 능력이 있고, 서로 홍보하며 돕기 때문이다. 한마디로 잘되는 집은 어떤 상황이 와도 잘되는 원리와 같다.

나는 그런 관계망을 제대로 만들지 못했다. 굳이 변명을 하자면 사회복지직이라는 소수직으로 입사했고 내가 맡은 일만 잘하면 되는 줄 알았다. 대학에서 배운 대로 정의감에 불탔었다. 어려운 생활을 하는 사람들을 도와주는 것이 최고의 보상인 줄 알았다. 지금 생각해보면 과하게 열심히 한 것 같다. 주민들과 소통한다고 젊은 나이에도 검소하게 입고 다녔다. 상사가 휴가를 가라고 해도 안 가고 일을 할 정도였다. 사회복지업무는 낮에 상담을 하다 보면 서류업무를 할 수가 없다. 바쁠 때는 쉴 새 없이 하루 종일 민원인과 상담하고 그러다 보면 퇴근시간이 다 된다. 그래서 사무실에 혼자 남을 때도 많았고, 못 다한 일이 있으면 집에 싸 가지고 가서 마무리 지었다. 부모님이 공무원인 것이 맞냐고 하실 정도였다. 지금 내 밑에 있는 직원이 그렇게 하고 있다면 얼른 말리고 업무 조정을 해 줄 것이다.

내가 입사할 때는 승진의 기회는 고사하고 신분상 체계도 불안했었다. 무슨 잘못이 있으면 그대로 권고사직 대상이 될 수 있는 위치였다. 나는 공공사회복지 업무의 초기 멤버로서 여건이 매우 열악한 동사무소에서 주로 근무했다. 사회복지 업무는 주로 동사무소에서 이루어졌고 구청에서 일할 수 있는 기반도 없었다. 구청 사회복지과에는 1명이 근무하는 게 다였다. 수급자에게 급여를 지급하는 업무를 담당했는데, 그 자리는 승진하기 유리한 자리였고 나는 대상도 아니었다.
일이 어느 정도는 한가해야 사람들과 여유 있게 관계 형성을 할 수 있다. 그리고 같은 분야에서 일하는 사람들이 모여야 정보도 교환할 수 있다. 지금 생각하면 그때부터 제대로 인간관계 형성을 하는 방법을 익히지 못한 것이 조금은 아쉽다. 조직 내에서 단기간에 인간관계를 형성하는 것은 힘들다. 조직에서 어느 정도 세력이 있는 상사와 끈끈한 관계를 유지하면 그 기반을 바탕으로 다른 세력과 유기적으로 관계를 맺을 수 있다. 관계망이 세밀하게 엮이면서 든든한 기반 세력이 된다. 자신을 혹사하면서까지 무식하게 일만 해서 성공하는 조직은 어느 세상에도 없다. 그러나 한편으로는 그렇게 살지 않은 것이 다행이라는 생각도 든다. 최소한 나는 어떤 사람에게도 신세를 지거나 편의를 제공받은 적이 없기 때문에 자유로울 수 있었다. 업무는 힘들지만 파벌을 형성하지도 않았고 최소한의 자존심을 지키면서 일했다. 사회복지업무를 하면서 말도 안 되는 주민에게 굽히는 것이 더 쉬웠던 것 같다. 단지 업무일 뿐으로 생각하고 일했다. 그들은 특정한 욕구를 가진 주민이니 내가 보살펴 줘야 하는 고객으로 여기면서 일했다.

허나 직원관계는 다르다. 똑같은 인격을 가진 존재이다. 종속관계도 아니고 강자와 약자의 관계도 아니다. 일하면서 다른 동료들이 연줄을 잘 잡아서 승승장구하는 것 같다고 부러워하지 말라. 당신도 입사 때부터 시간과 열정을 다해서 상사. 동료와 돈독한 유대관계를 맺으면서 인간관계망을 형성하면 된다. 당신이 아무 일도 하지 않았으면서 조직이 불공평하다고 투덜댈 필요는 없다. 그 누가 들어주지도 않는다. 자신의 성격과 기질, 처한 환경을 판단하여 기준을 세워야 한다,

# 07_
# 나만의 인생로드맵을 세워라

공무원은 구조조정과 정리해고가 수시로 있는 일반민간기업과 달리 변화가 거의 없는 직장생활을 한다. 변화가 없는 생활은 안정적이고 편하게 보이겠지만 그만큼 뒤처지게 생활한다는 의미도 된다. 외부자극이 거의 없고 개인역량 계발에 덜 민감한 환경에서 제대로 성장하기 위해서는 나만의 방법을 세워야 한다.

공무원은 자신이 쌓은 경력과 재능으로 다른 기업으로 이직이 가능한 직업이 아니다. 내부경쟁이 비교적 심하지 않은 환경에서 대개 평탄하게 일하기 때문에 이직이 거의 불가능하다. 새로운 직장을 가기도 힘들지만 이직을 하더라도 적응도가 많이 떨어진다. 퇴직을 하고 사업을 하는 공무원들을 보면 세상을 각박하게 살지 않아서인지 사기를 많이 당한다. 한번 입사하면 다른 일을 하기도 무섭고, 경쟁할 수 있는 능력을 갖춘 경우가 거의 없기 때문에 정년까지 근무하게 된다.

실제로 공무원들은 입사하면 별다른 일이 없는 한 정년까지 근무해야 한다는 생각이 강하다. 아프거나 중한 질병에 걸려서 치료를 하면서도 휴직을 반복하면서 근무한다. 공무원 맞벌이 부부의 경우 아파서 그만두려고 해도 배우자가 반대해서 계속 근무하는 경우가 가끔 있다. 특히 여성 공무원의 경우 배우자가 사직을 반대한다. 맞벌이경제에 익숙해서 아파도 사직을 못 하는 것이다. 남자공무원들은 배우자가 암에 걸려도 휴직을 해서라도 계속 다니기를 원한다. 그래서 여직원끼리 다 늙어서 핸드백 들고 일하러 다니게 되었다고 농담을 하기도 한다.

팔자 좋은 소리한다고 그렇게 다니기 싫으면 그만두면 되지 않냐고 할 수 있지만 생각보다 정년 전에 그만두기가 쉽지 않다. 가끔 가정경제가 여유 있는 여직원들은 과감하게 명예퇴직을 하지만 대부분은 자녀학비, 질병치료, 노후대비를 위해 정년까지 다녀야 한다.


정년까지 근무하기로 했다면 자신의 생애주기별 인생설계에 대해서 진지한 생각을 가지고 준비해 나가면 더 의미 있게 공직생활을 할 수 있다. 나는 수십 년 동안 공직생활을 하면서 나에게 맞는 생애주기별 설계를 해 본 적이 없다. 주위에 그런 준비를 하는 사람들도 거의 보지 못한 것 같다. 직장에서도 직원들을 위한 교육 시스템이 없었다. 만약에 연령과 직급에 맞는 생애설계를 하면서 근무를 했다면 더 많은 능력발휘와 개인적인 성과가 있었을 것 같다.

조직 특성상 외부에서 역량계발이나 인생설계에 대한 자극이 없으므로 자신이 알아서 목표를 세우고 실천해야 발전을 도모할 수 있다. 자칫하면 주위의 분위기에 휩쓸려 무의미하게 소일만 한다. 입사 때는 스마트하고 능력 있는 직원도 자극과 경쟁이 없는 상황에서 근무하다 보면 몇 년 후에 지극히 평범하거나 오히려 퇴보한 모습을 보이는 경우가 많다.

무조건 취직을 위해서, 생계를 위해서만 공무원이 되고자 한 것은 아닐 것이다. 어느 정도는 적성에 맞거나 나름대로 꿈을 이루기 위해 공직에 응시준비를 했다면, 자기만의 상황에 맞추어서 주기별로 목표를 설정하고 노력을 해야 자칫 무의미하게 지낼 생활에 활기를 불어넣을 수 있다. 공직생활은 외부자극이 거의 없다고 보면 된다. 물론 자신이 맡은 업무를 하루하루 해내야 하고 일정기간이 되면 승진에 온 역량을 모아야 하므로 외부자극이 전혀 없다고는 할 수 없지만 상대적으로 느슨하다.

자신의 상황에 맞춰서 계획을 세우고 중간결산, 최종결산을 하면서 목표수정을 하면 동기부여도 되면서 많은 성과를 이루어 낼 수 있다. 입사초년인 9급에서 8급까지의 기간, 8급~7급까지의 기간, 7급~6급까지의 기간, 6급~5급까지의 기간까지 주기별 로드맵을 잘 세워 놓으면 시간 관리를 더 체계적으로 하게 될 것이다.

사람은 상상하고 꿈꾸면 이룰 수 있다고 한다.

『놓치고 싶지 않은 나의 꿈 나의 인생』에서 나폴레온 힐은 "자신의 재능을 파는 사람도 1년에 한 번은 자기 분석을 해야 한다"고 했다. 그리고 그를 통해 "결점이 감소하고 장점이 증가해야 한다"고 했다.

업무를 할 때도 연간계획을 세우고 성과분석을 한다. 나의 인생도 계획을 세우고 분석을 해서 발전을 도모해야 한다. 공무원은 자신의 경험과 시간을 파는 존재다. 보통 맡은 업무에 대한 결과 분석은 한다. 그러나 한 해에 자신이 이룬 업무나 개인성과에 대한 분석과 반성은 거의 안 한다. 성과주의의 민간기업과 달리 공무원 조직은 해도 그만 안 해도 그만인 상태로 한 해를 보낸다. 우리의 목표는 발전이다. 발전을 위해서는 단계별로 목표를 세우고 실천해야 한다. 그러다 보면 어느덧 성공한 자신의 모습을 보게 될 것이다.

입사 초년인 9급일 때는, 공무원 시험을 준비하면서 굳어진 수험생의 모습을 벗어던지고 공직자의 정체성을 확립하는 것이 우선 필요하다. 지금은 예전처럼 신규직원이 업무가 숙지되기를 기다려 주지 않는다. 단기간의 교육과정을 수료하면 바로 업무에 투입된다. 일선 부서에 먼저 배치된 후에 교육과정을 이수하는 경우도 많다. 일선 부서에서는 직원의 휴직이나 새로운 업무 수요로 인해 인력이 항상 부족하기 때문에 신규 직원이 업무숙지를 할 때까지 기다려 줄 수가 없다. 어서 자신만의 공직생활을 위한 비전을 세우고 조직에서 적응하기 위한 노력이 필요하다. 직장에 맞는 예절을 빠르게 익히고 사소한 언행일지라도 조심하면 평생을 따라다닐 평가가 달라지는 시기다. 공직에 맞는 인성을 갖추기 위한 대화법, 배울 점이 있는 직원을 멘토로 삼아 역량 키우기 등은 9급일 때 시도하면 좋다. 상위직급으로 갈수록 배우기 어렵고 여건이 안 되기 때문이다. 또한 어떤 업무를 맡더라도 능동적으로 해낼 수 있도록 사무능력, 계약법 활용 능력을 갖추겠다는 세부적인 목표를 세운다면 상위직급으로 승진했을 때 쉽게 적응할 수 있다.

8급~7급까지는 조직에 적응하는 것에서 발전하여, 자신의 업무역량을 최대한 키워야 하는 시기다. 실패를 두려워하지 말고 마음껏 도전할 수 있는 기간이다. 이 시기에 상사의 신뢰를 받을 수 있도록 부서를 잘 선택해서 이동하는 것도 중요하다. 나 같은 사회복지직은 한정된 업무를 하지만 일반행정직은 모든 행정업무를 하게 된다. 행정업무를 하는 공무원은 어떤 업무든 빠른 시간 내에 적응해야 한다. 자신만의 특색 있는 재능을 키우고 더 나아가서 숨어 있는 재능까지 찾아내어 발전시키는 기간이다. 공약사업이나 핵심전략사업을 맡게 되었을 때 두려워하거나 피하지 않고 성과를 낸다면 순식간에 능력 있는 직원으로 인정받는다. 이 기간은 조직에서도 직원을 아직 젊고 한참 일을 시도하는 기간을 보낸다는 것을 인정한다. 업무를 추진하던 중 모르는 분야가 있어서 물어볼 때도 당당하다.

7급~6급까지의 기간은 업무숙련도를 향상시키고 후배들까지 아울러야 하는 시기다. 업무 숙련도가 높아져서 자신만의 경험과 지식이 축적된다. 이 시기는 공무원으로서의 정체성뿐만 아니라 공직관이 형성되는 중요한 시기다. 업무능력도 폭발적으로 축적되고 자신만의 특기를 발견하면 주위에서도 인정을 받는다. 이 시기는 상위직급으로 진출하기 위한 중간단계로, 보통은 무난하게 근무하면 근속이든 근평이든 대부분 6급까지는 승진한다. 7급부터 성실성과 업무능력이 어느 정도 검증된 상태이기 때문이다. 이 단계에서는 업무에 대한 전문성이 가장 큰 성공요인이 된다. 공무원 사회는 현상유지 업무가 많고 변화가 심한 업무는 거의 없다. 그러나 최근 들어 입사하는 공무원의 학력과 스펙도 많이 높아졌고, 주민이 공무원에게 바라는 요구사항도 많아졌다. 옛날같이 근근이 현상 유지하겠다는 생각으로 근무하면 뒤처지거나 도태될 수 있다. 이와 더불어 핵심보직 경로에 승차하기 위해서 공식, 비공식 조직의 인적네트워크를 잘 유지해야 한다.

그간의 업무경험을 통해 남과 차별화되는 경험과 지식이 쌓였고 후배나 부하직원을 멘토링 할 수 있는 수준까지 성장한 단계가 이때이다. 이 시기가 되면 업무 숙지도가 높고 열정을 가지고 일한 직원의 경우 상사보다 더 전문가인 경우가 많다. 상사들도 어떤 문제가 발생하면 그 분야에 정통한 부하직원들을 찾아 조언을 받는다. 그러므로 이 단계는 자신의 전문성을 고도화하여 상위 직급으로 가는 중요한 단계라고 할 수 있다. 자신의 분야에 대한 깊이 있는 지식은 물론, 시대의 트렌드뿐만 아니라 다방면에 걸쳐 폭넓은 지식을 가져야 한다. 민선시대는 공약사업 추진을 역점으로 하므로 자신의 전문성을 발휘할 수 있는 기회가 많다. 상사의 비전 실행을 도울 수 있는 능력을 계발한다면 남보다 빠르게 성장할 것이다. 특히 6급의 경우 조직의 비전과 업무의 연관성에 대해서 많은 생각을 해야 한다. 장차 5급이 될 단계에 있는 직급이기 때문이다.

공직에서 근무하는 동안 생애 주기별로 목표와 비전을 세우고 일하면 하루하루 일하는 것이 의미 있고 보람될 것이다. 30년 공직생활을 충만하게 살기 위한 자신만의 필살기를 생애 시기별로 끊임없이 계발하면서 삶의 의미를 찾아보자.

나는 발령이 나는 부서마다 고유 업무를 파악하고 부서의 고객을 이해하기 위해서 관련 논문, 책, 인터넷기사 등을 모아서 공부를 했다. 도서관이나 서점에서 관련 책을 탐색하고 읽으면서 이해력을 넓혔다. 확실히 기반지식이 있으면 어떤 부서에서 일을 하든 업무를 빠르게 익힐 수 있다. 공부는 학교 다닐 때까지 하고 끝나는 것이 아니다. 사회에서도 끊임없이 관련 공부를 해야 한다. 더군다나 평생 하는 일을 더 잘하기 위해서는 자기계발 책과 업무관련 책을 찾아서 읽고 연구해야 한다. 언제든지 자신의 능력을 발휘할 수 있는 기반을 만들어 놓으면 좋을 것이다.

# 3장

## 일하면서 공부하는
## 사람이 되라

# 01_
## 일하면서 공부하는 사람이 되라

서울시에서 주관하는 공무원 시험에 시험 감독관으로 갈 때가 있다. 시험을 감독하는 부서에서는 며칠 전부터 온 신경을 쓰게 된다. 시험장에 앉아 있는 수험생을 볼 때 같이 비장한 마음이 들기까지 한다. 공무원에 합격하기 위해 수년간 공부한 결과를 평가받는 날이니 얼마나 힘들까 하는 생각도 든다.

시험과목을 보면 실제 업무에 도움이 되는 과목은 별로 없는 것 같다. 솔직히 합격보다는 불합격자를 가려내기 위한 문제가 주를 이루는 모양새다. 지방자치단체에서 영어 과목은 별로 필요가 없다. 오히려 의사소통을 위한 대화법과 보고서 작성, 보고하는 법이 제2의 언어처럼 중요하다. 이렇게 수년 동안 지독하게 수험공부를 하고 입사한 공무원들은 직무 교육 외에 다른 교육은 받지 못한다. 교육과정이 있다 하더라도 평상시 자신이 맡은 업무 숙지를 하고 조직 문화를 익히느라 별도의 교육에 참여하는 것이 어려운 현실이다. 그래서 서울시에서는 인재계발원에 동영상 교육 자료를 게시하여 직원들이 온라인으로 교육 과정을 수료하도록 유도하고 있다. 승진에 필요한 교육시간 이수로 인정되기에 개인취향에 따라 동영상을 시청하고 있다. 아마도 교육시간으로 인정이 안 되면 아무도 안 들을 것이다. 나도 마찬가지다.

신규로 입사한 직원들은 빨리 업무에 대해 숙지하고 전문성을 키우기 위해 끊임없이 공부하고 자기계발을 해야 한다. 공무원 조직은 공부를 하려는 동기가 거의 없다. 솔직히 업무 지침만 확실히 숙지하고 법대로만 일하면 아무 문제가 없기 때문이다. 그동안 많은 공무원들이 그렇게 근무해 왔다. 그러나 주민들의 민주화 의식이 확대되고 교육 수준이 높아지면서 단편적인 경험과 지식만으로는 효율적인 업무처리가 힘들어지고 있다. 민원 요구는 집요해지고 고도화되고 있다. 이에 발맞춰서 공무원도 같이 변화해야 한다. 기업인들은 빠르게 변하는 시대의 트렌드를 파악하기 위해 김난도가 쓴 『트렌드 코리아 2019』 같은 책을 읽고 저자의 강의를 듣거나, 각종 자료를 분석하면서 시대의 흐름에 발맞추고자 한다. 과연 공무원조직은 어떤가? 공무원조직은 이런 시대변화에 한 박자 늦게 대응하는 편이다. 최근 들어 사람들은 SNS를 기반으로 소통하고 있고 1인가구화가 빠르게 진행되고 있다. 이런 경우에 어떤 행정 서비스를 개발하고 실행할 것인가, 어떻게 변화할 것인가 등에 대한 공부가 거의 없다. 공무원조직은 주민에게 서비스를 제공하는 직종이다. 사회트렌드를 파악해서 대응하는 것은 당연한 일이다. 어떤 사회트렌드가 주민에게 영향을 미치며 서비스를 어떻게 제공할 것인지 알아야 한다.

  내가 근무하는 부서는 다양한 계층의 지역주민들을 상대한다. 공공복지서비스를 제공받기 위해 많은 주민들이 끊임없이 내방한다. 소득수준, 연령, 성격이 매우 다양하고 민원 내용도 천차만별이다. 어떤 때는 담당직원도 모르는 민원을 가지고 와서 힘들게 하는 주민들이 상당히 많다. 교육열과 학구열이 유달리 높은 국민들의 특성상 매스컴에서 논란이 되고 있는 정책도 시행에 앞서 문의하는 경우가 꽤 많다. 그럴 때는 직원들이 언론 동향을 파악하여 센스 있게 대처하면 좋을 것이다. 경직된 조직문화에 익숙하다 보면 융통성 있는 대처를 기대하기 어렵다. 공공복지서비스 업무만 하더라도 사회복지학을 전공하건 안 하건 다양한 계층의 주민 입맛에 맞게 완벽히 응대하는 것은 불가능하다. 법과 규정에 맞게 안내하고 종결되면 다행이나 매사가 그렇게 되지는 않는다. 주민은 어떻게든 자신의 요구를 관철하려 하지만 직원은 법과 규정을 어기면서 업무를 할수는 없다. 이런 상황에서 슬기로운 대처를 하기 위해서는 평소에 꾸준히 공부해야 한다. 학문적인 공부가 아니라 업무 시당장 활용할 수 있는 실질적인 대화기법, 업무매뉴얼의 개선을 위한 공부를 계속하다 보면 저절로 능력 있는 공무원이 될 수 있다.

매년 연말이면 다음 해에 시행하기 위한 신규업무를 만든다. 우리 팀에서도 특수사업을 만들어야 했다. 담당이 가져온 사업 내용을 보았더니 특수사업으로 적합하지 않았다. 관내에 연탄을 사용하는 주민들을 위해서 연탄 지원 사업을 한다는 내용이었다. 연탄을 사용하는 주민들을 지원하는 사업은 선의의 사업으로 좋은 사업이다. 그러나 지역주민에게 골고루 혜택이 가는 사업으로는 적합하지 않다고 생각했다. 행정은 지속성과 보편성에 의해서 시행되어야 한다. 연탄 지원 사업은 둘 모두에 적합하지 않다고 판단했다.

연탄 지원 사업도 좋지만 지역특성에 맞는 사업을 다시 구상하라고 했다. 담당은 다시 생각하기 싫었는지 좋은 사업이라고 생각했는지 포기하지 않았다. 결국은 부서장이 반대해서 책정되지 않았다. 나는 지역특성에 맞는 사업으로 "책 꾸러미 지원 사업"을 검토해 보라고 했다. 내가 근무하고 있는 지역은 인구가 많고 장애인 복지시설이 2개소나 있는 지역이다. 주변지역에 비하여 집값이 저렴해서 젊은 세대가 많다. 그런 지역특성을 고려해서 사업을 선정했다. "책 꾸러미 지원 사업"은 국민기초수급자, 한부모가정, 차상위계층 가정 중에서 육아에 어려움을 겪고 있는 가정을 선정하여 주기적으로 방문하는 사업이다. 아동책 2~3권, 육아책 1권 정도를 한 달에 한 번씩 방문해서 지원하고 자녀양육, 일상생활의 어려움을 같이 들어 준다. 사업예산은 주민들이 이웃돕기 성금으로 조성한 기금으로 충당하기로 했다. 결국 채택이 되었고 2019년부터 시행하기로 했다.

최소한 자신이 근무하는 부서의 특성을 파악하고 그 고객인 주민들이 원하는 사업을 연결해서 파악할 줄 알아야 한다. 주민을 고객처럼 생각하면 더 많은 서비스를 제공하고 만족도까지 고려할 수 있다. 나는 어떤 일을 추진할 때 항상 고객을 생각하는 습관을 들이고 있다.

내가 근무하는 팀은 저소득주민에게 각종 공공복지서비스를 지원하고 가정방문을 하는 업무를 한다. 5년 미만의 신규직원이 대부분이다. 세상 풍파에 시달려서 몸과 마음이 아프거나 소통이 어려운 주민을 상대하는 데 많은 어려움을 겪고 있다. 다들 업무지침서에 의존해서 대화하다 보니 소통이 안 될 때가 많다. 우리나라는 아직까지 나이 들어서 자식뻘밖에 안 되는 직원에게 상담하는 데 익숙하지 않다. 직원과 주민 간에 초기 단계부터 오해와 불통으로 제대로 된 대화가 안 되는 경우가 종종 있다. 주민이 나이 어린 직원을 예의 없게 대하는 경우도 비일비재하다. 나와 같은 일을 하는 친구는 미혼에도 불구하고 주민에게 무시를 받지 않기 위해 결혼반지를 착용하면서 일을 했다. 나도 나이가 어렸을 때 상담하다 보면 무시를 많이 당했었다. 지금은 나이가 들면서 주민들과 대화하는 것이 점점 편해지고 있다. 다양한 사연과 문제를 가진 주민들과 일 년 열두 달 상담하다 보면 경험과 지식이 바닥날 때가 많다. 그래서 우리 부서에서는 다양한 계층을 이해하기 위한 책을 구입해서 스터디를 하기로 했다.

내방객의 대부분이 노년 계층이 많고, 불만을 표시하거나 화를 많이 내고 가는 주민들도 상대적으로 노인이 많다. 이럴 때는 히라마쓰 루이가 지은 『노년의 부모를 이해하는 16가지 방법』을 읽으면 노인들에 대한 이해가 수월해진다. 최근에는 경제난으로 가족해체가 빠르게 진행되면서 청년 빈곤층도 상담을 하러 많이 온다. 빈곤청년들은 젊은 나이에 지원을 요청하는 데 많은 자괴감을 느끼고 직원들도 대응에 서투를 수 있다. 이런 경우에는 후지타 다카노리가 쓴 『우리는 빈곤세대입니다』같은 책을 읽으면서 일을 하면 소통이 훨씬 수월하다. 또 사업을 하다가 망해서 파산신청을 하고 우울증에 걸린 장년층과 대화하는 경우는 빅터 프랭클의 『죽음의 수용소에서』같은 책에 나오는 문구로 대화를 나눠도 좋다. 절망에 빠진 민원인에게 그러한 말을 해주면 긍정적인 반응을 보이는 경우가 많다고 한다. 우리가 이런 책을 읽고 관련 정보를 숙지하는 이유는 결국 서비스 대상인 주민들과 소통을 하기 위한 것이다.

또한 내가 근무하고 있는 지역의 특성을 알기 위해서, 조직에서 중요하게 시행하고 있는 정책이나 트렌드를 파악하기 위해서 관련 도서를 읽는 것도 중요하다. 요새 많이 대두되고 있는 4차 산업혁명의 핵심사항인 스마트 도시의 트렌드를 파악하기 위해서는 신현규·이광재가 지은 『도시 이후의 도시』같은 책을 읽으면 구에서 추진하는 정책에 대한 이해를 쉽게 할 수 있다.

나는 발령이 나는 부서마다 고유 업무를 파악하고 부서의 고객을 이해하기 위해서 관련 논문, 책, 인터넷기사 등을 모아서 공부를 했다. 도서관이나 서점에서 관련 책을 탐색하고 읽으면서 이해력을 넓혔다. 확실히 기반지식이 있으면 어떤 부서에서 일을 하든 업무를 빠르게 익힐 수 있다. 공부는 학교 다닐 때까지 하고 끝나는 것이 아니다. 사회에서도 끊임없이 관련 공부를 해야 한다. 더군다나 평생 하는 일을 더 잘하기 위해서는 자기계발 책과 업무관련 책을 찾아서 읽고 연구해야 한다. 언제든지 자신의 능력을 발휘할 수 있는 기반을 만들어 놓으면 좋을 것이다.

# 02_
# 현장에 답이 있다

공무원이 제일 많이 먹는 욕이 있다. 현장도 제대로 파악 안 하고 일을 한다, 탁상행정을 한다, 펜대만 잡고 있다 등 민원인들이 많이 하는 말이다. 전에는 근무하는 직원도 부족했고, 현장행정이 중요해도 중점을 두기 어려웠다. 현장업무보다는 지시하달체제로 일을 했다. 지금은 주민을 위한 서비스가 확대되면서 현장행정이 매우 강화되고 있다.

우리나라는 국민성향이 다혈질이고 빨리빨리 일을 처리하려는 경향이 강하다. 행정계획 시에도 사전조사나 시범사업은 대충 해서 추진하는 일이 다반사다. 아무리 기획안이 작고 폼이 나지 않더라도, 현장을 중심으로 문제점을 파악하고 그 문제점의 해결에 기초하여 안을 시행해야 한다. 현장 실태를 반영하고 개선 방안을 제시하는 안이 가장 적합하고 훌륭한 기획안이다.
자치구에서 하는 행정은 현장행정이 80%를 차지한다. 신규사업을 하거나 사안이 있을 때 현장을 확인하는 것은 필수다.

중앙부처나 서울시에서 내려오는 계획을 보면 현장을 정말 모르고 있다는 생각이 들 때가 많다. 정책수립 위주로 기획안을 만들어서 그런지 실제 시행 시 현장상황이 제대로 반영되지 않는 경우가 많다. 그렇게 급하게 책정된 계획은 일 년 정도 시행하다가 슬그머니 없어질 때가 있다. 서울시의 경우 회의가 소집되면 참석해서 이야기를 해도 별로 반영되는 것이 없다. 서울시 관련부서는 회의를 잘 소집하지 않는다. 각 자치구에서 건의를 해도 들어줄 수 없기 때문에 불만의 근원을 막기 위한 것 같다. 중앙부처는 현장 확인보다는 다양한 자료를 수집하고 분석해서 정책을 시행한다. 자치구의 역할은 정책이나 사업을 시행하고 결과에 대한 반응과 건의사항을 상부에 전달해서 개선하는 역할을 한다. 말단 행정은 중앙부처에서 내려주는 정책을 시행한다.

공공복지서비스 분야의 경우, 예전에는 법정보호대상자에 대해 동에서 일일이 신청접수를 하고 조사까지 했다. 전산화가 되기 전이고 복지서비스 종류도 별로 없었다. 대상자는 지역에 거주하는 통장들의 추천으로 많이 선정되었다. 주민들은 동주민센터에 접근하기 어려웠고 어떻게 신청하는지도 잘 몰랐다. 상대적으로 전출입을 관할하는 통장들의 권한이 막강했고, 직원들의 재량이 컸다. 업무가 많고 중요도도 떨어지기 때문에 현장 확인보다는 서류심사로 자격이 결정된 경우가 많았다. 조사와 관리도 한 명의 직원이 했다.

지금은 반드시 전산 확인을 한다. 먼저 컴퓨터로 자료 확인을 한 후에 담당직원이 대상자의 가정에 방문해서 실태조사를 한다. 재산 및 소득조회 자료를 확인한다. 복지대상자 선정과 관리는 생각보다 치밀하고 엄격하다. 대상자에 대한 급여지원도 부정한 방법으로 할 수 없게 관리를 하고 있다.

가정방문을 하면 생활이 어려운 정도를 알 수 있다. 생활정도를 확인하고 상담을 한 후 대상자 선정을 한다. 선정대상이 안 되는 가정은 다른 복지서비스를 제공하거나 대안을 찾는다. 이렇게 복지대상자로 선정이 된 가정은 법정 보호를 받으면서 자격확인을 주기적으로 받는다. 현장 확인은 동주민센터와 구청의 담당직원이 계속 다시 한다.

나는 현재 동주민센터에서 가족이 없거나 질병을 앓고 있어서 생활이 어려운 가정을 돌보는 일을 하고 있다. 생활이 어려운 가정을 돕기 위해서는 실제로 어떻게 살고 있는지 잘 알아야 한다. 동주민센터에 근무하는 직원들은 하루에 몇 명씩 가정방문을 한다. 직접 방문을 할 수 없을 때는 전화를 하는 등 다양한 방법으로 돌본다. 이렇게 생활이 어려운 가정을 지속적으로 방문하다 보면 그들이 진정으로 필요한 복지서비스를 알 수 있다. 정부에서는 2019년부터 전국 모든 읍·면·동주민센터에서 노인·장애인 등을 위한 '찾아가는 보건복지 서비스'를 실시하기로 했다. 전에는 서비스가 필요한 사람이 관에 찾아와서 서비스를 신청했지만 지금은 대상자를 찾기 위해서 전방위적으로 노력하고 있다. 그만큼 현장이 중요해진 것이다.

　복지사각지대에 있는 생활이 어려운 주민들을 찾아서 도와주기 위해 다양한 방법으로 조사를 한다. 단전, 단수가정, 가스체납 주민들을 대상으로 꾸준히 실태조사를 하고 있다. 현장에서 생활이 어려운 주민을 상담하다 보면 대상자의 생활에 대해서 더 공감하게 된다. 이렇게 현장에서 쌓은 경험과 지식은 정책을 입안하거나 새로 만들 때 논리적 바탕이 되고 공무원들은 대상이 되는 주민을 위한 최선의 행정서비스를 지원하게 된다. 공무원은 내부 서류작업이 상당히 많다. 민원상대를 잘해도 서류정리와 보고가 제대로 되지 않으면 문제가 된다. 이런 내부작업이 많은 것이 현장행정을 제대로 하기 어려운 이유다.
　다행히 최근의 시류가 최저기준에 의한 선별적 복지기준에서 확대되어 보편적 복지체제를 향하게 되면서 공무원 인력이 증가하고 있다. 공무원 인력이 늘어나면서 현장을 다닐 수 있는 인원도 많아지는 등 여건이 많이 향상되었다.

　이론적 배경이 뛰어난 훌륭한 기획안도 현장에서 적용해 보고 검토해 봐야 한다. 현장에서 적용해 보고 다시 개선하면 더 훌륭한 시책이 된다. 현장을 다니면서 확인하고 그 확인사항을 정책에 반영하거나 시정하는 것은 생각보다 쉽지 않다. 솔직히 공무원들은 생각이 굳어 있는 편이다. 어차피 더 나서서 일을 한다고 월급이 더 나오는 것은 아니니 하는 일이나 무난하게 잘하면 된다는 생각이 팽배한 경우가 많다. 그러나 이제 세상이 변하고 있다. 살아남으려면 변화에 익숙해져야 한다. 공무원으로서 적응을 잘하고 나아가서 능력을 인정받고 성과를 내기 위해서는 생각이 깨어 있어야 하고 부지런해야 한다. 아무리 좋은 정책도 현장에서 통용이 안 되면 소용이 없다.

주민들은 공무원이 사무실에만 앉아서 행정을 수행하는 것으로 아는 경우가 많지만 실제로 대부분의 공무원들은 주민을 먼저 생각하면서 불철주야 현장을 다니고 있다. 우리 정부도 공무원 채용만 홍보할 것이 아니라 그동안 공무원이 해 온 역할과 고생담 등을 널리 홍보했으면 한다. 일반 주민과 공무원 사이에는 표현하기 어려운 거리감이 있다. 경기가 어렵고 일자리가 부족한 시대에서 공무원 지원자가 많아지다 보니 모든 시선이 공무원에게 쏠려 있다. 그동안 근무하면서 요새처럼 공무원 인기가 하늘을 찌른 적이 없었다. 모든 공무원이 절대로 책상에 앉아서 무사안일하게 일하지 않는다. 그렇게 일할 수도 없고, 잘못하면 실수를 저지를 수도 있다.

공무원은 항상 주민의 목소리를 귀담아 듣고 현장을 우선해야 한다. 모든 정책과 계획은 현장을 반영해야 실효성 있는 결과가 나온다. 세상에 대한 관심과 호기심이 충만했을 때 보고자 하는 것이 보인다. 공무원으로 처음 입사했을 때부터 세상에 대한 관심과 현장 확인을 우선하는 습관을 키우자.

# 03_
# 입사 2년이
# 평생을 좌우한다

신규 공무원이 입사한 후 2년 정도의 기간을 전후하여 직원 개개인의 평판이 입소문을 타고 직장 내에 떠돈다. 직장 내 구성원들이 신규 공무원들의 여러 가지 모습을 가까이서 지켜본 결과가 퍼진다. 비교적 이성적으로 판단한 한두 마디의 말들이 모여 형성된 평판은 나름대로 큰 의미를 갖게 된다. 입사 2년째부터 각자의 갈 길이 달라지게 된다.

신규 공무원 시절에는 업무에 대해서 잘 모르고 비록 조금 안다 하더라도 자기주장을 펼 수 없다. 경험과 업무 능력이 차츰 갖춰지게 되면 개인별로 맡게 되는 업무량으로 인한 갈등이 발생한다. 공직사회 업무량은 산출하기가 쉽지 않다. 대부분 서비스 중심인 행정의 특수성으로 인해 정확한 측정이 어렵다. 개인들의 업무량을 정확히 파악하는 시스템 정착을 위해서 노력하지만 매번 쉽지가 않다. 소극적이고 부정적인 사람은 여러 가지 구실과 핑계를 들어 업무를 회피한다. 매사에 적극적이고 능동적인 사람은 다소 힘들고 괴로울 것을 예감하면서도 한번 해 보겠다는 자세로 과중한 업무도 마다 않고 잘 받아들인다.

전에 같이 일했던 A주무관은 정말 남다른 직원이었다. 입사 2년 차인데도 맡은 일을 씩씩하게 잘 해냈고 항상 밝은 표정으로 일을 했다. 업무를 추진하면서 절대로 부정적인 말을 하지 않았다. 어떤 제안을 하면 흘려듣지 않고 나름대로 생각을 해서 일을 추진했다. 한마디로 하나를 알려 주면 열을 아는 직원이었다.

처음으로 추진하는 사업을 하는데 청 내에서 경험한 사람이 한 명도 없었다. 둘이서 자료를 수집하고 타 기관에 벤치마킹을 하러 다니는 등 챙겨야 할 일이 많았지만 즐거운 마음으로 임했다. 긍정적인 사람과 일하면 그 바이러스가 전파된다. 잘 안될 것 같은 일도 해결된다. 업무는 잘하지만 상사의 사랑을 등에 업고 동료에게 소홀히 하면 같이 일하는 상사는 불편하다.

A주무관은 대인관계도 잘 맺고 다른 부서와의 협업관계도 원만하게 잘했다. 추진력이 있어서 사업부서의 부서장들이 같이 일하기를 원하는 대표적인 직원이었다. 한 가지 사업을 추진해도 항상 더 나은 방법에 대해서 궁리하고 끈질기게 마무리 지었다. 게다가 다른 동료의 일도 잘 도와주고 붙임성도 뛰어났다. 다른 부서와 일을 추진할 때도 인사도 잘하고 교류를 잘해서 어려움이 없었다. A주무관은 또래 직원들이 편한 부서를

찾아다닐 때 자신의 경력에 도움이 되는 부서로 갔고 그 부서에서도 많은 성과를 냈다. 또래들이 편하게 지내고 휴가도 잘 다닐 때 자신의 경력을 착실히 쌓고 있었다. 그 직원에 대한 좋은 평판이 널리 퍼져서 승진도 순조롭게 했다. A주무관은 마음 변치 않고 페이스를 유지하면 앞으로 더욱더 승승장구할 것이다.

B주무관은 다른 경우다. B주무관은 매사에 소극적이고 부정적인 직원이었다. 자신이 원하지 않은 부서에 발령이 났다고 병가를 내고 출근을 하지 않았다. 자신이 왜 그런 업무를 해야 하는지 알 수가 없다는 등 불만을 가지고 있었다. 해당 팀장은 당황했고 기가 막혔다. 직원에게 연락을 했으나 받지 않았고 잠적하기까지 했다. 겨우 친한 직원에게 부탁해서 연락을 할 정도였다.

B주무관이 속한 부서는 서울시에서 주관하는 인센티브 사업을 추진하고 있었던 매우 중요한 부서였다. 일이 많아서 고양이 손이라도 빌려야 할 정도로 바쁜 부서였다. 그런 부서의 막내가 아프다는 이유로 연락도 출근도 안 하고 불평불만만 늘어 놓는 것이다. 부서장과 같이 일을 해야 하는 동료들은 얼마나 황당하겠는가. 결국 B주무관은 본인의 소원대로 동주민센터로 이동했다. 당장 힘들더라도 참고 견디면서 그 부서에서 제대로 근무했다면 업무도 많이 배우고 또래직원보다 월등히 성공했을 것이다. 항간에는 그 당시 참지 못한 것을 후회한다는 이야기도 들린다.

그 부서장은 졸지에 신입 직원을 못살게 괴롭혀서 떠나게 하는 못된 부서장이 되었다. 그러면 그 부서장은 가만히 있을까, 부서장이나 팀장급은 교제범위가 넓다. 같은 부서장끼리의 모임도 많다. 업무 추진으로 여러 사람들과 만남이 많다. B주무관의 이야기는 소문나게 된다. 신뢰성이 없는 직원이고 같이 일하기 힘든 직원이라는 평판이 널리 퍼지게 된다. 물론 B주무관에게 직접 나무라는 사람은 없다. 어느 정도 애정이 있거나 아끼는 마음이 있을 때 나무라기도 하고 조언을 하는 것이기 때문이다.

사회적인 분위기가 변했다. 예전에는 후배가 잘못하는 경우에 선배가 진심으로 잘되기를 바라면서 꾸짖기도 하고 일을 가르쳐 주었다. 저녁에 모여서 밥과 술도 사 주면서 위로도 했었다. 지금은 선배 공무원들도 남의 일에는 관심이 없다. 저녁모임 자체가 많이 줄었다. 상사들은 직원들이 스트레스 받을까 봐 공적인 업무 외의 모임은 참석하지 않는다. 근무시간에 생긴 갈등과 오해도 풀고 배울 것은 배워야 하는데 모임이 없으니 알아서들 깨닫고 살아야 한다. 정말 챙겨 주고 싶고 알아들을 만한 직원에게는 조언을 하지만 조언을 받고 싶어 하는 직원들도 별로 없고 가르쳐 준들 좋아하는 직원도 거의 없다. 공직사회에도 정서적 유대감이나 선후배로서의 인정을 주고받는 가족 같은 직장분위기가 많이 퇴색하고 있다.

이제는 누구 하나 조언해 주는 사람이 없다는 것을 알아야 한다. 칭찬하는 말은 퍼지는 데 오래 걸리지만 비난이나 안 좋은 평은 빠른 속도로 퍼진다. 한 번 나쁜 평판이 퍼지면 회복하는 데 오랜 시간이 걸린다. 다시 좋은 평판을 받고 싶으면 새로운 업무를 잘 해내든지, 똑같은 실수를 일으키지 않아야 한다. 상사들은 평소에 직원 신상에 대해서 지대한 관심을 가지고 있다. 부서장으로서 조직이 잘 운영되려면 직원 한 명 한 명이 중요하기 때문이다. 공무원 사회는 사람이 모여서 주민들에게 서비스를 제공하는 조직이다. 조직원 개개인이 매우 중요할 수밖에 없다.

입사 2년간은 자신의 역량보다 좀 힘든 업무를 해 보는 것이 장기적인 안목으로 볼 때 좋다. 신입직원이 실수하는 것에는 관대한 경향이 있고 선배들의 코칭도 받을 수 있기 때문이다. 그것을 기회 삼아 자신이 어떤 일에 적합하고 어떤 일을 할 때 더 즐겁고 보람 있는지 등등을 파악할 수 있는 기간으로 활용해야 한다.

부정적, 소극적 자세는 평생의 꼬리표가 된다. 자신의 캐릭터를 밝고 긍정적인 이미지로 관리해 나감으로써 인성이 제대로 갖춰졌다는 평가를 받는 것이 중요하다. 늘 이 정도면 충분하다는 생각보다 기대 수준을 뛰어넘는 태도를 가져 보자. 어려운 일을 회피하고 쉬운 일을 하면 당장은 승자처럼 보일 것이나 그렇지 않다. 자신이 감당할 수 있는 업무에는 적극적으로 임하여 미래 직장생활의 초석을 쌓아야 한다. 소극적이고, 부정적인 직원에 대한 자료는 직장상사나 부서장의 머리에 하나씩 데이터로 저장된다. 그런 데이터는 앞으로의 공직생활의 족쇄가 된다는 것을 기억해야 할 것이다.

# 04_
# 청렴하게
# 부자 되는 법을
# 배워라

공무원으로 잘 지내기 위한 가장 근본적인 덕목으로 청렴한 생활을 들 수 있다. 어쩌면 덕목으로 따질 것도 없다. 너무나 당연하기 때문이다. 공무원은 나라의 세금으로 정책을 수립하고 주민을 위한 서비스를 집행하기 때문에 청렴의식에 대해서 늘 민감해야 한다. 돈을 추구하는 사람은 사업을 하는 것이 낫지 진정으로 공무원 생활은 적합하지 않다.

공무원의 급여는 아끼고 근검절약해서 살면 근근이 검소하게 살 수준이다. 대출이 타 직종에 비해서 매우 잘 되는 대신에 관리를 못하면 빚더미에 앉을 수 있다. 대출 받는 것도 능력이라고 하지만 감당할 수 있는 대출을 해야 나중에 일어나는 사고를 예방할 수 있다. 가정경제를 위해서 많은 사람들이 체크카드를 사용한다. 나도 한동안 마이너스 통장을 사용했다가 재정 관리를 위해서 마이너스 통장을 없앴다. 신용카드는 고액의 물품을 사거나 사용해야 할 이유가 타당한 경우에만 한정해서 쓰고 있다. 근무를 하다 보면 주변의 유혹에 넘어갈 위험이 있다. 예전에는 가끔 아주 사소한 실수를 해서 공직생활을 그만둔 사람들이 있었다. 그렇게 주변 환경에 넘어가지 않고 무사하게 생활하기 위해서는 기본 태도를 잘 다져야 한다. 처음부터 길이 아니면 아예 가지를 말아야 한다. 눈도 돌려서도 안 된다. 매스컴과 신문지상을 보면 소액을 투자해서 단기간에 부를 창출할 수 있다는 속임수에 당해서 패가망신하는 경우가 많이 보도되고 있다. 예전에는 주식투자를 하다가 다 잃고 패가망신한 직원이 많았다. 근무시간에 간도 크게 객장에 가거나 피시방에 가서 주식투자를 하다가 단속반에 걸려서 징계를 받는 직원도 있었다. 나는 하루 종일 쉬지 못하고 일하는 처지인데 그런 일들이 발생하면 기운이 빠질 때가 많았다. 작년에는 젊은 직원들 사이에 비트코인을 투자하는 경우가 가끔 있었다. 매스컴에서 비트코인 투자로 많은 문제가 보도되자 아예 비트코인 투자를 금지하는 공문이 시달되었다. 소액이라고 가볍게 투자하다가 잘못하면 더 큰 손해를 입게 되고 회복할 수 없기 때문이다.

계약 업무를 할 경우에는 업자를 제일 조심해야 한다. 단순한 과일상자나 사례금을 인사치레로 받을 생각도 해서는 안 된다. 그 사람들도 모든 공사비를 세금으로 생각하는데 담당공무원에게 단순히 사례금을 주겠는가? 정약용의 『목민심서』의 율기 6조 '청렴한 마음' 편의 청렴에 대한 글을 보면 "뇌물은 누군가 비밀스럽게 주고받겠지만, 한밤중에 주고받은 것도 아침이면 드러난다."는 글이 나온다. 현재의 상황과 똑같은 것을 보고 많은 공감을 했다.

옛날이나 지금이나 인간사회는 부정부패가 있을 수밖에 없는 것 같다. 우리 청 내에는 내부 결재망에 매일 아침마다 〈청렴뉴스〉가 올라온다. 읽어 보면 아직도 정신 못 차리는 공무원이 가끔 나온다. 전국적으로 보도 자료가 올라오기 때문에 아주 다양한 부패기사가 올라오는 편이다. 가끔은 금방 드러날 일인데 왜 그런 일을 했을까 하는 사례들도 올라올 때가 있다.

당장은 잘못한 일이 드러나지 않을 것같이 생각되지만 감시 시스템이 겹겹이 작동되기 때문에 결국은 여러 경로를 통해서 몇 달, 몇 년이 지나면 죄상이 다 드러나게 되어 있다. 그 사람들도 처음에는 그렇게 될 줄 모르고 일을 저질렀을 것이다. 항상 자신을 올바르게 지켜서 어떤 외풍에도 굳건하게 견딜 수 있어야 한다.

공무원으로 일하면서 가끔은 상사나 정치권의 부당한 압력을 받을 때가 있다. 어느 정도 타당한 이유가 있으면 모를까 위법한 사안은 단호하게 거절하면서 일해야 한다. 당장은 부당한 압력에 버티거나 이겨낼 수 없을 것 같아도 담당으로서 전문성과 논리를 세우면 계속 강요할 수는 없다. 어떤 상사나 조직도 당사자를 책임지는 일은 없다는 것을 알아야 한다. 만약에 상사를 위해서 부당한 업무를 처리했어도 책임은 담당자가 지게 된다. 전에 ○○구에서 상사의 지시로 민간인의 개인정보가 있는 민원서류를 당사자 동의 없이 발급해서 큰 문제가 된 적이 있었다. 정치권의 압력에 의해서 이루어졌겠지만 결국에는 문제를 일으킨 담당이 징계를 받았다. 요새 입사하는 젊은 직원들은 본인이 판단하기에 부당하다고 생각하면 단호하게 거절한다. 그런 젊은 직원들은 예전의 사례를 이해하기가 어려울지 모르겠다. 이제는 상사들이 부하직원들의 눈치를 봐야 하는 시대가 도래했다.

상사는 합리적인 인사를 실천하는 리더가 되도록 노력해야 한다. 직원이 아무리 전문성과 논리로 무장하고 일을 해도 상사가 청렴하지 못하고 부당한 지시사항을 내리면 도로 아미타불이다. 부하직원이 말을 제대로 안 듣고 반발한다고 인사상에 불이익을 준다면 모든 것이 무너지게 된다. 지금은 그런 상사가 없지만, 예전에는 공사계약이나 물품구입을 할 때 상사나 윗분들의 압력이 대단했다. 한번은 물품구입을 하면서 여러 군데 비교를 통해 가격대비 상품성이 좋은 곳을 계약하기 위해 결재를 올렸는데, 어떤 상사가 따로 불러서 자신이 원하는 곳으로 계약하라고 종용하기도 했다. 아직도 이런 사람이 있구나 하는 씁쓸한 마음을 떨칠 수 없을 정도였다. 계약은 결국 상사가 원하는 곳과 성사되었다.

또 다른 상사는 아무 지시 사항 없이 결재를 안 해서 일을 추진할 수 없었다. 이유를 알 수 없어서 계속 기다리다가 그 위의 상사에게 고충사항을 이야기해서 결재를 한 적이 있다. 알고 보니 내가 눈치가 없어서 사례를 안 한 것이 이유였다. 그렇다고 그 상사가 큰 부자가 된 것도 아니다. 아마도 평생을 그런 잘못된 사고방식으로 살아왔던 것 같다. 왜 그렇게 공직생활을 하는지 뇌구조를 알고 싶을 정도였다. 계약업무나 물품구입에 관여하거나 부당한 지시를 내리지 않는 상사와 일을 한다면 큰 복으로 알아야 한다. 그렇지 못한 상사의 압력을 극복하면서 일을 한다는 것은 엄청난 스트레스를 몰고 온다.

민간 기업의 경우 사기업이므로 상사의 압력에 절대적으로 복종하면서 일을 할 수밖에 없을 것이다. 최근엔 직원들에게 갑질과 착취를 하는 중소기업을 알게 되었다. 그런 중소기업은 대표의 돈으로 직원들에게 급여를 주기 때문에 일방적인 지시라도 통할 것이다. 그러나 공무원은 주민의 세금으로 사업을 한다. 그러니 절대로 내 것이라는 생각 자체를 해서는 안 된다. 청렴교육을 통해서 직원들에게 경각심을 계속 주입시키는 이유다.

공무원 생활을 무난하게 하기 위해서는 절도 있는 생활을 통해서 형편에 맞는 가정경제를 꾸려 나가야 한다. 몸과 마음이 건강하면 현재 생활에 만족하면서 지낼 수 있다. 자신을 제대로 다스리지 못하고 다른 곳에 눈길을 주면 순식간에 나쁜 길에 빠질 수 있다. 한 번 잘못된 길로 가면 헤어나기가 어렵다. 공무원으로 여유롭거나 물질적인 생활을 추구하겠다는 생각으로 입사한다면 제대로 된 공직생활을 꾸려 나갈 수 없다. 자신의 성격이나 기질이 부를 추구하거나 더 큰 성공을 꿈꾸는 쪽이라면 다른 진로를 택하는 것이 바람직할 것이다.

이제 공직사회는 과거에 비해 획기적으로 투명해졌다. 상급자가 예전처럼 터무니없는 요구나 부당한 지시를 하는 경우도 거의 사라졌다. 이제 부패는 개인적인 성향의 문제로 볼 수 있다. 공무원 스스로 자신의 몸과 마음을 잘 다스려야 한다. 과거에는 소액의 금품을 받더라도 어느 정도 관대하게 처리되었다. 이제는 소액만을 받는 경우이든 여러 사람의 이해관계 때문이든 엄한 처벌을 받는다. 아예 공직에서 퇴출되는 조치가 신속하게 내려온다.

본인이 의도하든 안 하든 뇌물, 횡령 등의 사건은 공직생활에 치명적인 타격을 입는다. 공무원으로 무난히 근무하고 성공하기 위해서는 입사초년부터 몸과 마음을 잘 다스려야 한다. 유혹에 빠지지 않도록 항상 마음을 청렴하게 가꿔야 한다. 한 순간의 실수로 명예로운 공직생활을 망칠 수는 없는 것이다.

# 05_
# 내공은
# 저절로 쌓이지 않는다

공무원 생활을 하다 보면 간혹 엄청난 능력을 발휘하는 사람을 볼 수 있다. 특히 후배 공무원 중에는 여러 방면에 걸쳐 뛰어난 능력을 보이는 사람들이 많다. 이런 사람들과 일하면서 어쩌면 그렇게 잘 헤쳐 나가고 순발력이 뛰어난지 부러워질 때가 있다. 이런 사람들을 두고 내공이 강하다고 한다. 네이버에서 '내공'의 뜻을 알아봤다. 내공은 '오랜 기간의 경험을 통해 쌓은 능력'을 말한다. 사실 그러한 내공은 손쉽게 얻어지는 게 아니다.

A주무관은 나와 함께 시장활성화팀에서 근무했다. 시장활성화팀은 신생팀으로 모든 업무가 새로웠다. 2014년 민선6기 체제가 되면서 전통시장의 활성화 업무가 주요공약으로 선정되어 대대적으로 확대되었다. 나는 2015년 7월에 합류하여 일을 했다. A주무관은 먼저 팀에 배치되어 근무하고 있었고 무슨 일이든 적극적으로 임했다. 상사에게 업무로 야단을 맞아도 끄떡

없을 정도로 맷집도 강했다. 야근은 물론 주말도 안 가리고 저돌적으로 일을 했다. 상사들은 자신이 무슨 말을 해도 다시 보고서를 들고 오는 A주무관에게 감탄했다. 윗분들 모두 그 직원을 좋아했고 같이 일을 하고 싶어 했다.

본인도 자신의 경력에 대한 자부심이 매우 강했다. 다른 부서로 갈 때도 일부러 자신이 안 해 보았거나 앞으로의 경력에 도움이 되는 업무를 선택하겠다고 했다. 결국 자신의 경력에 도움이 되는 부서를 신청해서 갔다. 나중에는 남들이 다들 기피하는 격무부서인 혁신교육팀으로 자진해서 떠났다. 그 부서에 가서도 밤낮없이 일을 열심히 했고 능력을 인정받아 승진을했다. A주무관은 앞으로 동기들 중에서 독보적인 직원이 될 것이다.

남들이 기피하는 힘들고 어려운 시책업무를 맡아 본 사람은 어떤 일이든지 잘할 수 있다. 장기적으로 정열을 쏟다 보면 내공이 쌓여서 어떤 일도 두렵지 않게 된다. 남들이 선호하는 편한 업무만 하다 보면 수년이 지난 후에 아무 것도 남는 것이 없게된다. 입사 초년에는 체력도 좋고 시간도 많다. 자신의 역량을 키울 수 있는 업무를 적극적으로 찾아서 일을 할 필요가 있다.

나는 생활이 어려운 사람들 중에서 재산 및 소득조사를 거쳐 정부의 보호대상자로 선정된 사람을 도와주는 공무원이다. 대학에서 사회사업학을 전공했다. 대학에서는 아동복지, 가정복지, 의료복지 등 다양한 분야를 공부했는데 그중에 사회사업행정에 관심이 있었던 것 같다. 동주민센터, 그 당시에는 동사무소였다. 동사무소에서는 사회 담당 한 명이 복지라는 글자만 있으면 묻지도 따지지도 않고 다 했다. 그 외 유사한 업무도 마찬가지였다.

당시 사회복지직은 동사무소에서 갖은 궂은 일을 맡아 하는 직책이었다. 지금도 그렇지만 전체 업무의 절반이 사회복지 업무였다. 지금 신규직원들이 분업해서 하는 일들을 나는 다 해봤다. 입사초기에 누가 가르쳐 주는 사람도 없이 혼자서 문제를 해결하면서 일을 한 것이다. 사회복지분야 민원인들은 거의 극한 상황에 처한 사람들이다. 홀몸노인, 한부모 가정, 소년가장 계층은 얼마든지 대할 수 있다. 알코올중독자, 정신질환자들이 교대로 칼을 들고 오고, 규정에 의해서 지원이 중단될 것 같아서 여차하면 던지고 갈 생각으로 빙초산을 들고 왔다가 화가 가라앉고 돌아가는 경우도 있었다. 우울증에 걸린 한부모 세대는 자녀가 대기업에 취업을 해서 자립이 가능해졌어도 수급이 정지되는 것에 불만을 품고 위협을 하기도 했다. 자존감은 바닥에 떨어졌고 출근하기조차 힘들었지만, 내가 아니면 업무를 처리할 사람이 없다는 생각으로 마음을 추스르고 복귀할 때가 많았다. 일도 힘들었지만 별정직이라는 신분상의 차별대우로 마음이 많이 상했었다. 사회복지는 사회직이 하는 업무라는 생각으로 일반직들은 배울 생각을 하지 않았고, 업무분장을 해도 직원이 그만두거나, 바뀌는 통에 일을 제대로 할 수 없을 때가 많았다.

　전에는 홀몸어르신이 시설에 입소하면 지원해 주는 시스템이 없었다. 지금은 통합사례관리사가 요양병원이나 시설입소를 지원한다. 동주민센터의 직원은 통합사례관리사와 연합하여 사례를 종결한다. 내가 일선에서 근무할 때는 사회복지담당 혼자서 모든 업무를 다 처리했다. 양로원이나 요양원에 입소하는 수급자를 내 차에 모시고 파주, 노원구에 있는 시설까지 운전을 해서 모셔다 드렸다. 편하게 모셔 드리고 싶었고 시설현황을 직접 눈으로 보면 다른 분들에게 자신 있게 추천할 수 있기 때문이었다. 사회복지 업무는 힘들고 괴로웠지만 후에 다른 부서에서 일할 때 도움이 되었다. 워낙 힘든 일에 단련이 되고 극한 상황에 처한 사람들을 대하다 보니 노하우가 축적된 것이다. 이런 사람들을 대하는 일보다 더 힘든 일은 없다.

　2008년에 가정복지과에 비상사태가 일어났다. 구립어린이집에서 원장과 교사들의 갈등이 생겨 원장이 사표를 내고 공석이 발생하는 일이 생겼다. 나는 어린이집 원장 자격이 있다는 이유로 구립어린이집 6개소를 2년에 걸쳐 8개월 동안 떠돌아다니면서 근무했다. 한곳에 계속 있는 것이 아니라 다른 어린이집에 비상사태가 발생할 때마다 불려 갔다. ○○어린이집에서는 문제를 일으킨 직원이 나의 일거수일투족을 온라인카페에 올려서 감시하는 일도 있었다. 꼭 영화 트루먼쇼와 같은 상황이었다. 극심한 스트레스로 목에 피부병까지 앓았다. 나중에는 파견근무에 대해 항의를 했지만 소용이 없었다. 어떤 때는 근무지에 담당팀장이 와서 나를 억지로 차에 실어서 데리고 가기도 했다. 덕분에 그 당시 어린이집 대리원장을 하면서 어린이집 업무를 많이 알게 되었다. 8개월 동안일 뿐이지만 사계절을 걸쳐서 근무했기 때문에 구립어린이집 운영 및 교사들의 생활 전반에 대해서 알 수 있었다. 어린이집은 상부기관에서 평가인증이라는 시설평가를 받는다. 나는 주변의 다른 어린이집 원장님들을 멘토로 삼아 일을 배웠고 평가인증에 대비한 코칭을 받았다. 저녁 늦게까지 원장님들과 평가인증에 대비한 환경 조성을 했다. 어떨 땐 새벽 1시까지 일을 하면서 어린이집 교사들의 노고를 생생하게 겪었다. 원장님들은 공무원이 열심히 하니 감동해서 열성을 다해서 도와 주셨다. 아마도 지금 어린이집을 맡아서 운영하라고 해도 멋있게 잘할 수 있을 것 같다.

그 당시에 나는 전혀 낯선 곳에서 일하게 된 것을 불평하기보다는 비상사태로 불안에 떠는 교사들을 어떻게든 도와주려고 했다. 그런 마음이 통해서 근무하는 동안 교사들과 소통이 잘되었고 구청과의 중간역할을 제대로 할 수 있었다. 그때의 경험은 생각해 보면 매우 소중한 것이다. 어린이집 교사들의 열악한 근무상태와 애로사항에 대해서 알 수 있는 계기였고, 공무원으로서 많은 반성을 하게 되었다. 갖은 고생을 하는 교사들을 안아 주고 싶을 정도였다. 어린이집 보육교사는 사명감 없이는 도저히 할 수 없는 일이라는 걸 알게 되었다. 더불어 나는 전혀 생소한 업무도 무난히 할 수 있다는 자신감이 생겼다.

그렇게 남들이 하기 싫어하는 궂은일을 성실하게 하고 경력을 쌓으면서 내공이 쌓였다. 노인일자리창출팀에서는 청 내에서 아무도 해 본 사람이 없는 일을 했다. 중장년층을 위한 노인여가시설인 동작50플러스 센터 건립 추진사업이었다. 그 사업은 내부에서 해내기 불가능한 사업으로 인식되고 있었다. 나는 굴하지 않고 발바닥이 아프도록 돌아다니면서 사업을 추진했다. 시장활성화팀에서는 어떤 업무가 주어져도 당황하지 않고 일하며 수시로 벌어지는 돌발사태를 잘 헤쳐 나갈 수 있었다. 다양한 계층의 사람들을 상대하면서 협상과 소통의 기술을 습득한 것이 많은 도움이 되었다. 사회복지 업무를 오랫동안 해서 그런지 상인들이 아무리 민원을 내고 힘들게 해도 다 이해하는 것 같다는 칭찬까지 받았다. 나는 상인복지를 하러 왔다며 농담했다. 그 당시에는 다 집어치우고 싶을 정도로 힘들었지만, 참고 견디면서 어떤 상황에서도 대처할 수 있겠다는 자신감과 내공이 생겼다.

어쩔 수 없이 어렵고 힘든 부서에 근무하게 되더라도 일단은 견뎌야 한다. 견디면서 정해진 목표에 다가가려는 긍정적인 노력을 기울이면 업무가 익숙해지고 점차 단련이 된다.

동료나 선배들의 내공을 마냥 부러워하기보다는 스스로 내공을 쌓으려고 노력하는 자세가 필요하다. 이렇게 쌓인 내공은 쉽게 없어지지 않고 공직생활을 하는 동안 계속하여 자신의 밑

천이 되고 주특기가 된다. 남들이 고생해 가며 성과를 내고 대가를 받는 동안 하루하루 안일하게 살면 나중에 아무것도 남는게 없다는 것을 명심하라.

# 06_
# 왜 몇 년만 지나면
# 능력이 퇴화할까?

공직에 처음 들어온 사람들은 어려운 채용 과정을 거쳐 입문한 우수한 인재들이다. 이런 우수한 인재들도 몇 년 만 지나면 지극히 평범해진다. 처음에는 스마트하고 멋있는데 그저 그런 사람들이 된다. 왜 그럴까? 공직 내부의 관행과 제도적 틀에 너무 쉽게 동화되기 때문이다. 조직에 알맞게 경직된 사고를 가지게 되는 것 같다. 민간기업에 입사한 사람들과 비교해서 해가 갈수록 점차 창의성이 둔화된다는 평가를 받기도 한다.

공직에 응시하는 직원들의 학력은 물론 스펙이 날로 화려해지고 있다. 대학을 넘어서 대학원 졸업자도 수두룩하다. 공부하느라 힘들었을 유명 외고 출신과 소위 말하는 명문대 출신들도 가끔 있다. 그런데 중간 관리자 입장에서 봤을 때 학력이 높다고 일을 잘하는 것 같지는 않다. 일머리하고 공부머리는 엄연히 다르다는 것을 알 수 있다.

전에 명문사립대학인 K대를 졸업한 A주무관과 일할 기회가 있었다. 창의적인 아이디어도 필요한, 업무가 많은 부서였다. 직원들은 나름 기대를 많이 했었다. 좋은 대학을 졸업한 직원이 여러 가지 아이디어를 내놓을 것으로 생각했다. 그런데 A주무관은 아이디어는커녕 직원들과 불화만 일으켰다. 여러 가지 다양한 물의를 일으키다가 다른 부서로 떠났다.

수십 년 동안 여러 계층의 직원들과 일해 본 결과, 학력이 중요한 것이 아니라는 생각을 하게 되었다. 학력이 아닌 배우겠다는 정성이 중요하다. 그래서 이제 직원이 새로 오면 전공 정도만 물어보지 출신학교는 물어보지 않는다.

공무원 사회에서는 높은 학력이 필요하지 않다. 항상 주민을 생각하고 주민의 복지와 안전을 생각하는 능력이 필요할 뿐이다. 사회복지분야만 해도 그렇다. 어떨 때는 사회복지를 전공한 직원보다 비전공자가 상담을 잘하고 일도 적극적으로 한다. '사람에 대한 관심과 정성'이 직원을 발전하게 하는 원동력이 되는 것 같다. 다만 사회복지업무는 자신에 대한 컨트롤이 매우 중요한 업무로 전공자가 좀 더 유리하다.

솔직히 말하자면 공무원은 고등학교만 졸업하고 겸손한 마음으로 업무를 배워도 충분히 성공할 수 있다. 요즈음 일자리가 너무 없고 사회가 불안해서 고학력의 청년들이 몰려들어서 그렇지 사실 공무원은 고학력자가 할 만한 일자리가 아니다.

A주무관은 고등학교를 졸업하고 공직에 입문했다. 야간대학에 다니면서 근무를 했다. 천성이 부지런하고 영민한 사람이었다. 항상 책을 읽고 주위에 대한 호기심을 가지고 일을 했다. 눈치도 무척 빠르고 상사들에게도 잘했다. 업무 능력도 고학력자에 비해 절대 떨어지지 않는 직원이었다. 오히려 고학력자보다 일머리도 있고 모든 사람에게 호감이 가는 직원이었다. 그는 주위 환경에 구애받지 않고 자기 스스로 발전하고 변화해서 성공의 길로 가고 있다.

공무원 조직은 기업처럼 이윤을 내기 위해 모인 조직이 아니다. 주민의 복지와 안전을 유지하기 위한 행정서비스를 제공하는 체제다. 직원들을 경쟁체제로 몰아서 성과를 내고 인센티브를 제공할 사업이 별로 없다. 일을 잘했다고 월급을 더 얹어 주지도 않는다. 승진예정자들의 공적을 만들기 위한 사업들이 더 많다. 그래서인지 동기 부여가 제대로 안되는 상황이기에 자신의 능력을 계속 계발하는 직원은 드물다. 뛰어난 능력이 있어도 발휘할 기회가 없으니 일부러 시간과 비용을 들여서 노력하지 않는 것 같다. 공무원에게 있어서 자기계발의 꽃은 오직 승진이다. 승진이 예정되거나 필요한 상황에 놓인다면 자신의 능력을 최대한 발휘할 수도 있다.

공무원은 정년이 법적으로 보장된 조직이다. 별다른 능력 없이도 그냥 현상유지만 잘하면 정년까지 아무 탈 없이 지낼 수 있다. 능력계발의 동력이 약해질 수밖에 없다. 입사 전에 뛰어난 능력이 있던 직원도 자기계발을 안하면 퇴화한다. 마치 우리 엉덩이의 꼬리뼈가 필요 없게 되어 퇴화된 것처럼 말이다.

공무원 사회는 변화가 별로 없는 조직이다. 또 급격한 변화가 있어서도 안 되는 조직이기도 하다. 항상 주민의 복지와 안전을 위한 서비스를 제공해야 하는데 조직 변화가 심해서는 안 될 것이다. 주민에게 평온하게 제공되어야 하는 서비스를 변화가 필요하다고 마구 바꿀 수는 없다.

허나 직원들의 능력이 발전하려면 조직이 계속 변화하고 그 변화에 적응해야 하는데, 공무원 사회의 특성상 그런 과정이 유지되기 힘들다. 행정지원과나 기획예산과는 조직 내의 직원들의 변화를 도모하기 위해서 다양한 시책을 내놓고 있지만 쉽지 않은 것이 현실이다.

공직생활 초년은 짧지 않은 30년 공직생활이 시작되는 시점이다. 직장을 위해서도 그렇지만 자신을 위해서도 능력이 퇴화되어서는 안 된다. 관점을 바꾸면 행동이 달라진다는 말이 있다. 젊은 시절은 물론 나이가 들어서도 신선하고 창의적인 아이디어를 가진 사람으로 남기 위해서는 늘 새로운 것에 민감해져야 할 필요가 있다.

공직생활은 외부 자극이 거의 없는 생활이 주가 된다. 일부 업무 외에는 그다지 힘든 일이 없고 직장 동료들도 대체로 온순하고 착하다. 아무래도 경쟁체제가 아니다 보니 그럴 것이다. 물론 승진을 위한 경쟁체제가 있지만 각자 받아들이기에 따라 스트레스 여부가 달라진다. 모든 사람들이 승진에 목을 매는 것은 아니기 때문이다.

그렇다 보니 대체로 느슨해지기 쉽다. 내 또래 연령의 직원들을 보면 생기가 없는 사람들이 많다. 생기가 있는 사람들은 무엇인가 꿈이 있고 꿈을 이루기 위한 뚜렷한 목표가 있는 사람들이다. 예를 들면 승진을 향해서 달린다거나, 퇴직하고 제2의 인생을 위해서 여러 가지 방법을 모색하는 사람들이 그렇다. 사람은 무엇인가 변화를 모색하고 골몰했을 때 생기가 있고 얼굴에 빛이 나는 법이다. 그런 사람들 옆에 있으면 같이 생기를 갖게 된다. 자기계발을 하는 사람들과 어울려서 끊임없이 노력하는 생활을 하면 지치지도 않게 된다.

공직자들이 상대하는 주민들의 의식수준은 점점 높아지고 있다. 민간 인력과 합동으로 일하는 경우도 많다. 공부하고 연구하지 않으면 점차 밀리게 된다. 당장 인센티브가 없고 사는데 지장이 없다고 해도, 장기적으로 보면 공부해야 하는 이유가 명확하다.

그러니 이러한 환경을 극복하고 입사했을 때의 능력이 퇴화하지 않도록 항상 노력해야 한다. 앞으로 젊은 직원들은 연금도 반 토막이 날 것이다. 의학의 발달로 수명은 연장되고 있다. 평온무사한 직장생활에 적응해서 하루하루 취미 생활만 하면서 지내다가는 퇴직하고 또 다른 위험에 직면하게 될 것이다. 어떤 환경에 처하더라도 극복할 수 있는 내성을 갖추어야 한다. 현재보다 더 나은 상태가 되도록 능력을 계발하고 노력해야 한다. 또한 시대의 변화나 새로운 화두에 관심을 가져야 한다. 미래의 변화와 행정수요 등을 예측해 보려는 생각과 함께 늘 깨어 있어야 살아남을 수 있다.

# 07_
# 단점보다
# 장점을 강화하라


나는 말이 많다는 이야기를 많이 들었다. 말이 많아서 승진이 안 되었다는 말까지 들었다. 말이 많다는 평이 승진심사에 큰 요인으로 작용하는지는 요즘에 알게 되었다. 자존심에 많은 상처를 입었다. 사람들은 말을 함부로 한다. 그리고 여기저기 퍼트리고 다닌다. 순식간에 말이 많고 가벼운 사람이 되고 말았다. 승진도 안 되어서 자존심이 떨어지고 속상한데 상처를 많이 받았다. 그 상처도 나 혼자 치료해야 했지만···

사람들은 나를 외향적인 성격으로 본다. 나는 성향은 소심하지만 상대방과 재미있게 지내고 싶은 의도로 먼저 말을 거는 편이다. 대화할 때나 모임에 갈 때 상대방의 특성, 취미, 시대의 트렌드 등을 조합해서 주제를 정하고 상황에 맞춘다. 그러니 소재가 풍부하고 말이 많은 것으로 보이는 것 같다. 고등학교에 다닐 때는 친구들이 개그맨이 되어 보라고도 했다. 그러나 지극히 보수적인 직장에 다니고 있으니 나는 이상한 사람이었다. 공무원 사회는 아무 말 안 하고 사는 게 최고의 미덕인 사회다. 아무리 반대 생각이 있어도 공적인 자리에서는 절대로 이야기를 안 한다. 모임이나 사적인 자리에서만 이야기한다.

조직에서 발표하는 승진이 안 되는 이유는 항상 다양하다. 나이가 어려서, 직장 동료들에게 인심을 잃어서 등등. 그때그때 이유도 달라진다. 아무리 일을 많이 하고 성과를 내도 상사들이 승진시키고 싶지 않으면 어떤 구실을 대서라도 시켜 주지 않는다. 그런 알리고 싶지 않은 이유가 있음에도 개인적인 성향을 단점으로 탈바꿈하여서 퍼트리는 것이 조직의 생리다. 승진시키고 싶은 직원은 부하 직원에게 아무리 악독하게 대해도 원하는 성과를 만들어 내면 서로 지켜 주고 보호해 주면서 결국은 승진시켜 준다. 이것 또한 모든 조직의 전형적인 모습이다.

승진에서 탈락되는 직원은 점점 단점이 부각된다. 잘 모르지만 그렇게 일을 했는데도 탈락된 이유는 뭔가 단점이 많기 때문일 것이라는 추측 때문이다. 그래서 사람들이 그렇게도 승진에 목을 매는 것 같다. 어떤 사람은 영혼이라도 팔아서 승진하고 싶어 하는 경우가 있다. 그저 승진 대상에라도 들어가고 싶다는 직원들까지 있다. 공무원 사회에서 상사들이 부하를 손아귀에 넣고 다스릴 수 있는 힘은 존경에서 나오는 것이 아니다. 근평과 승진에 있다.

공무원 사회에서 지적하는 단점을 보자면 거의 조직생활을 원만히 하는 것에 반대되는 것들이다. 어떤 점을 좋게 받아들이는지 잘 관찰해서 나를 조절하면 된다. 사람들은 장점에 대한 칭찬에는 인색하다. 의견이 있어도 밖으로 표현하지 않는 것이 미덕인 사회다. 대신 비난과 실수는 금방 소문이 나고 주시한다. 자치구 간에 구간 이동이 없고, 폐쇄적이어서 더 그런 것 같다.

남들이 비난하는 단점이 진정한 단점은 아니다. 그러니 그런 불확실한 스토리텔링에 상처 받고 힘들어하지 마라. 나의 기준을 확실히 정해서 그들이 말하는 단점을 객관적으로 직시하라. 그리고 조직에서 통용되는 장점을 찾아서 계발하면 된다. 나만의 장점도 찾아서 강화시키면 된다. 그러나 때로 장점을 장점으로 인정하지 않는다는 것도 기억해야 한다.

나의 장점은 한번 결심하면 결단력 있게 일을 추진하는 것이다. 그리고 사물에 대한 호기심이 많아서 새로운 일을 하는 것을 좋아한다. 어차피 죽으면 썩을 몸인데 살아 있는 동안 열심히 일하자는 게 나의 신조다. 자신이 가지고 있는 장점을 강화하면 더 좋은 능력이 발휘된다. 앞으로 나는 사람들이 말하는 단점을 활용해서 더 나은 삶을 살기로 했다. 사물과 사람에 대한 호기심이 많은 성격을 다른 사람을 돕는 데 활용하기로 한 것이다.

직장에서 일하다 보면 본의 아니게 단점을 강조하는 상사가 있다. 업무상 걸림돌이 되는 단점일 수도 있으니 상사가 진지하고 성의 있게 조언해 주는 단점은 받아들이고 개선하면 된다. 그런데 그렇게 친절한 상사는 별로 없다. 자신이 마음에 드는 장점을 갖춘 직원을 데리고 일을 하는 게 더 빠르기 때문이다. 요새는 누구나 남의 일에 참견하고 싶어 하지 않는다. 내가 모르는 단점이 있으면 꾸준히 노력해서 개선하면 된다. 다른 사람들이 아무 생각 없이 말하는 것에 너무 휘둘리지 않을 정도로 내면을 강하게 하는 훈련이 필요하다. 나는 생각해 보니 그런 훈련을 제대로 못한 것 같다.

A주무관은 성격이 활달하고 직원들하고 잘 지낸다. 경력은 꽤 되는데 육아휴직도 자주 하고 업무도 주로 외곽업무를 해서 승진이 늦은 편이다. 그래도 항상 명랑하다. 아이디어는 많고 시작은 잘하는데 마무리가 약한 편이다. 주민들을 상대로 하는 업무를 잘하고 어려운 상황도 척척 해결해 낸다. 섬세한 일처리가 약간 부족하지만 적극적인 태도로 칭찬을 자주 받는다. A주무관의 단점은 더 많은 장점에 묻힌다. 앞으로 자신에게 적합한 부서에서 좋은 상사를 만나면 장점이 부각될 것이다.

나는 직원들에게 칭찬을 많이 한다. 진심에서 우러나와서 하는 칭찬이 대부분이지만, 약간 미흡한 직원은 장점을 찾아서 이야기해 준다. 서로 서로 칭찬해 주고 아껴 주면서 장점을 찾아 주는 직장분위기를 만들었으면 좋겠다. 서로 헐뜯고 안 좋은 이야기나 퍼트리면서 다닐 필요 없다. 그렇게 목을 매면서 온몸을 바치는 직장도 언젠가는 다 떠나야 한다. 언젠가는 떠날 직장에서 서로에게 상처를 주고 힘들게 살 필요가 있는지 모르겠다. 행복하기 위해서 다니는 직장이다. 하루 한 번씩 서로 칭찬해 주고 재능도 발견해 주면서 성장하는 직장 환경이 필요하다.

그러면 장점을 어떻게 발견할 것인가. 다행이랄까 공무원은 주기적으로 부서이동을 한다. 행정직은 다양한 업무를 하게 된다. 여러 가지 업무를 적극적으로 해 보면서 자신만의 장점과 주특기를 발견하고 강화하면 된다. 사소한 것도 장점이 될 수 있다. 주민들에게 친절하게 대하고 시간이 걸리더라도 상세하게 필요한 사항을 잘 설명하는 직원, 술에 취해서 횡설수설하며 장시간 동안 같은 이야기를 해도 끝까지 침착하게 잘 들어 주는 직원, 서류작업은 조금 뒤떨어져도 주민 동아리 운영은 기가 막히게 잘하는 직원, 프레젠테이션 작업을 멋지게 해서 직원들이 부탁하면 자기 일처럼 하는 직원 등 드러나지 않는 장점을 가진 직원들이 많다. 서로 칭찬을 해 주는 풍토가 되어야 한다.

직장은 허물없이 지내는 집은 아니다. 나의 단점을 전부 감춰 주고 감싸 주는 가족은 없다는 것을 알아야 한다. 그러나 단점을 발견하면 자신이 인정할 수 있는 선에서 보강하려고 노력하면 된다. 상처 받지 말고 내면을 단단히 하기 바란다. 당신에게는 더 많은 장점이 숨겨져 있거나 조금씩 드러나고 있다. 직장에서 사람들이 생각 없이 말하는 당신의 단점 때문에 흔들리지 말기를 바란다. 오늘부터라도 나만의 장점을 찾아보기를 바란다.

가끔 직원들이 주민들하고 대화를 하는 것을 들어 보면 직원이 너무 일방적으로 이야기하는 것처럼 보일 때가 있다. 힘이 들더라도 조금은 유연하게 대하면 더 좋지 않을까. 하기는 나도 젊고 경력이 일천할 때는 주민들의 말을 들어 주는 역량이 매우 부족했다. 경험이 없어서 경청능력이 떨어지는 사람은 경청에 관한 도서 등을 읽으면서 역량을 키우면 된다.

# 4장

## 조직에서 인정받는 공무원의 8가지 습관

# 01_
## 친화력이 있으면
## 안 되는 일도 된다

공무원 사회는 주민을 위한 공적서비스를 제공하기 위한 조직이다. 모든 부서가 한 가지 목표를 위해서 일한다. 겉으로 보기에는 부서 간에 공조 체제가 잘되어 있을 것 같다. 그런데 실제로 일을 해 보면 공조 체제 유지가 힘들다. 공무원 사회는 칸막이 부서로 이루어져 있다. 부서운영은 철저하게 부서별, 팀별로 이루어진다. 다른 조직이 틈새에 들어오기가 힘들다. 요즘은 예전과 달리 개인주의가 만연하여 부서 간 협조 체제 유지가 더 힘들어졌다.

나도 그랬지만 사람들은 공무원이 하는 일을 잘 모른다. 공무원들은 주로 혼자 일하는 줄 아는 경우가 많다. 주민들은 대체로 인감이나, 등초본발급 등의 업무를 할 때 동주민센터에 가서 공무원을 접한다. 협업해서 일하는 모습은 거의 볼 기회가 없다. 입사를 원하는 사람들도 막연하게 생각하고 들어온다. 신규직원이 입사하면 교육을 체계적으로 해 주는 경우는 거의 없다. 각자 알아서 일하는 법을 배워야 한다. 좋은 부서장이나, 선배를 만나면 행운이다.

공무원 사회는 아직까지 부서 간에 원활한 소통이 안 되고 있다. 다른 민간기업들도 잘되는 기업 빼고는 마찬가지일 것이다. 조직구조는 어디나 비슷하기 때문이다. 공무원 조직은 어쩌면 더 심할 수도 있겠다. 민간기업처럼 영리추구를 하면 더 꼼꼼하게 볼 텐데 좀 느슨한 편이다. 부서 간 업무추진을 하다 보면 중복될 수도 있어서 국별로 세심한 조정을 한다. 업무 성격이 비슷하면 행정낭비를 하게 되기 때문이다. 행정낭비를 방지하기 위해서 수시로 계획을 조정하고 공람하면서 일을 추진한다. 민원업무 처리부서는 타 부서와 협업할 일이 거의 없다. 성가신 일을 싫어하고 남에게 부탁하는 일이 힘든 사람은 민원여권과 같은 부서에서 일을 하면 안정적으로 지낼 수 있다. 업무 매뉴얼이 정확하게 있어서 혼자서 잘할 수 있다. 법규정을 지키면서 성실하게만 하면 된다. 다소 활발하고 적극적인 성향의 사람은 체육문화과 같은 사업부서에서 일을 하면 더 좋은 성과를 내면서 만족스러울 수 있다. 담당자의 역량에 따라 지역 축제 같은 사업은 기획 단계부터 사업의 내용과 질이 달라지기 때문이다. 담당이 어떻게 일을 하느냐에 따라 사업성과까지 달라지는 경우가 많다. 따라서 각자의 성향에 맞춰서 일을 하면 더 효율적이다.

나는 혼자 일하는 것보다 여러 사람과 함께 일하면서 영향을 주고받는 것을 더 좋아한다. 물론 자존심에 상처를 입을 때도 있었다. 공공복지서비스 업무를 하면서 주민들과 다른 직원들에게 너무나 많은 무시를 당했다. 일도 제대로 못하는 직렬이라고 손가락질도 많이 받았다. 자신들이 하기 싫고 기피하는 일을 죽어라고 한 사람들에게 따뜻한 위로나 제대로 된 교육을 실시해 준 적도 없다. 행정직이 득세하는 조직에서 소수직은 살아가기 쉽지 않다. 평소에는 친하게 지내고 즐거운 관계이지만, 승진할 때는 가차 없다. 승진 한 자리도 너무나 아까워한다. 생각하지도 말라는 식이다.

나는 다음 생에는 소수직으로 직장 생활을 하고 싶은 생각이 전혀 없다. 아무리 업무 실적을 입증해도 소수직은 인정해 주지 않는다. 가진 능력보다 낮게 평가되는 일이 늘상 일어난다. 진심은 자신들이 가진 자리를 내놓고 싶지 않을 뿐이다.

행정은 결국 주민들의 복지와 안전을 위해서 존재하는 것이다. 주민의식이 향상되면서 행정서비스도 같이 변하고 있다. 자신들의 자리를 보전하는 데 연연하는 한 변화와 혁신은 요원하다. 나는 그래도 세상에는 더 좋은 사람이 많기 때문에 실망하지 않았다. 사람과의 관계를 통해 배우고 반성하면서 성장하는 것도 자신의 몫이다.

도로관리과의 도로관리팀과 일을 할 때 많은 도움을 받았다. 직원들은 기술직을 좋지 않게 본다. 다수 세력인 행정직의 시각에서 보면 뻣뻣하고 다루기 힘든 직렬이기 때문이다. 기술직들은 근평을 따로 산정하고 일정한 기간이 되면 다른 자치구로 가기도 한다. 주체 세력에서 자유로울 수밖에 없다. 소수직이지만 기죽지 않고 아쉬울 것 없이 사는 직렬이다.

시장활성화팀에서 전통시장 3개소에 디자인도로포장업무를 할 때였다. 국비예산으로 시행하는 사업이었다. 도로포장업무는 도로관리과에서 하는 일이었다. 디자인도로포장일은 아무도 해 본 사람이 없었다. 부서장이 지시하여 하는 일이었다. 처음에는 우리가 이 일을 왜 해야 하는지 의문이 들었다. 다른 사람들이 힘들게 그 일을 왜 하냐고 물어보기도 했다. 일이 다 끝나고 나서야 부서장이 우리 팀에서 그 일을 하게 한 이유를 알 수 있었다. 상인들의 의견을 최대한 받아들여서 원하는 결과를 내 주기 위해서였다. 비록 직접 추진하느라 힘들었지만 시장업무를 하면서 소통이 잘되었고 상인들이 원하는 도안을 반영한 결과 상인들의 만족도는 높았다.

도로포장이 된 길만 다닐 줄 알았지 디자인도로포장일은 처음이었다. 디자인도로포장일을 하다 보면 설계를 변경할 일이 생긴다. 우리 같은 행정업무를 하는 사람들은 익숙하게 되기까지 시간이 많이 소요된다. 제대로 보는 데 한계가 있기 마련이다. 그 당시에 도로관리팀의 김무호 주무관에게 신세를 많이 졌다. 바로 옆에 사무실이 있어서 수시로 들락날락거리면서 협조를 구했다. 전화통화도 많이 했다. 소통이 안 되면 직접 찾아와서 코칭해 주었다. 업무는 우리 팀이 했지만 총괄정리는 도로관리팀이 해 준거나 마찬가지였다.

전통시장에 조형물을 설치할 때도 많은 협조를 받았다. 조형물 설치를 위해서는 도로 아래가 어떤 구조로 되어 있는지를 알아야 한다. 도로 아래를 파악해 놓은 지도가 있다는 것을 처음 알았다. 해당 지점의 지도를 찾아서 분석해 주는 역할을 다해 준 것이다. 덕분에 사업추진이 빠르게 되었다. 디자인도로 포장을 하고 나면 계약업체가 실제로 한 작업량과 계약서상의 작업량을 실측해야 한다. 계약비용이 달라지면 추가로 더 디자인포장을 할 수 있다. 직원들과 같이 현장에 나가서 실측도 해주었다. 아마도 꽤나 성가셨을 것이다. 자신들이 하면 일사천리로 되었을 일을 아무것도 모르는 사람들이 계속 물어보러 오니 귀찮았을 것이다. 그래도 친절하게 잘 알려 줘서 무사히 일을 마칠 수 있었다.

나는 업무를 추진하면서 도로관리팀의 담당직원들과 친하게 지냈다. 같이 식사를 하고 차를 마시면서 소통을 했다. 상사들에게 보고를 할 때는 도로관리팀의 협조로 일이 잘 추진되고 있다는 칭찬의 말을 아끼지 않았다. 도로관리팀의 친절한 업무협조를 사실 그대로 잘 홍보했다. 같은 직장이고 도와주는 게 당연하지 않느냐고 반문할 수 있다. 그러나 권위주의에 절어 있는 공직사회에서 서로 소통하고 돕는 일이 흔하지 않다. 경쟁관계에 있는 부서에서는 부서장 눈치가 보여서 도와주는 것도 조심스러울 때도 있다.

나는 진정으로 도로관리팀에 고마워했고 소통하고 싶었다.

팀장이지만 도로관리팀 직원들과 친하게 지내고 싶었다. 다들 나보다 나이가 어리고 나를 대하기도 껄끄러웠을 것이다. 그러나 나의 진심과 절실하게 도와달라는 마음이 통했던 것 같다. 도로관리과 팀장은 옆 팀에서 자기 직원들에게 부가업무를 시키는 데도 개의치 않았다. 참으로 고마운 직원들이었다. 권위적인 팀장이나 부서장 같으면 자주 오는 것이 싫었을 것이다.

나보고 말이 많다고 비난하는 사람들이 가끔 있다. 그 점을 흠으로 삼아서 헐뜯고 승진이 안 되는 이유라고 알려 주는 사람들도 있다. 그 때문에 상처를 많이 받고 지냈지만 지금은 많이 회복되었다.

사람은 누구나 약점과 단점이 있다. 자신의 단점이 조직에서 허용되지 않을 때가 있다. 그래도 기죽지 마라. 내가 가진 단점에 가슴 아파하고 힘들어하면 근무생활이 더 힘들어진다. 내가 가진 장점을 활용하도록 노력하라. 근무기간 30년은 금방 지나간다. 직장의 경직된 사고방식만 복종하고 따르다 보면 진정한 '나'를 잃어버리고 껍데기만 남는다는 것을 기억하라.

# 02_
## 경청과 소통 능력이 최고다

　　우리나라는 급격한 변화의 시대를 맞이하고 있다. 개인의 인권 보장 강화와 함께 SNS 발달로 많은 정보가 공유되고 순식간에 퍼져 나간다. 공무원과 분쟁이 일어나면 순식간에 매스컴을 탄다. 공무원은 그동안 갑이었으나 이제는 완전한 을이 되었다. 물론 나같이 주민의 발이 되어 무한 돌봄의 서비스를 지원하는 공무원은 원래부터 태생이 을이었지만.

　　공무원은 주민의 복지와 안전을 제공하는 유급봉사자이지 봉은 아니다. 근무하다 보면 공무원을 봉으로 아는 주민들도 허다하다. 그렇다고 일일이 적대적으로 대응했다가는 '불친절한 공무원'으로 찍힌다. 몇 번 반복하면 직장에서 문제가 있는 직원으로 굳어진다. 공무원이 우유부단한 것같이 보이는 것도 다 이유가 있다.

　　그렇다면 애초부터 친절한 공무원이 되는 방법은 어떤 것이 있을까? 몇 가지 생각해 보았다. 공무원은 주민의 말만 잘 들어 줘도 반은 성공한다. 그러므로 경청을 생활화해야 한다. 주민들이 관청에 들고 오는 일은 대부분 규정대로 해결되지만 어떤 때는 그렇지 않은 일도 많다. 나는 직원들에게 "안 된다."라고 하지 말라고 한다. "~하면 된다."라고 긍정문으로 말하라고 한다. 처음부터 안 된다는 주장만 하면 소통도 안 된다. 주민들도 법과 규정에 의해서 일이 처리된다는 것을 잘 안다. 어떤 때는 안 되는 줄 알면서도 한동안 자신의 주장을 이야기하다가 갈 때도 있다. 말을 잘 들어 주면 들어 줘서 고맙다고 웃으면서 갈 때도 있다. 대화를 시작할 때 편하게 해 주면서 음료수라도 대접하면 훨씬 부드럽게 상황이 흘러간다.

가끔 직원들이 주민들하고 대화를 하는 것을 들어 보면 직원이 너무 일방적으로 이야기하는 것처럼 보일 때가 있다. 힘이 들더라도 조금은 유연하게 대하면 더 좋지 않을까. 하기는 나도 젊고 경력이 일천할 때는 주민들의 말을 들어 주는 역량이 매우 부족했다. 경험이 없어서 경청능력이 떨어지는 사람은 경청에 관한 도서 등을 읽으면서 역량을 키우면 된다.


천성적으로 잘 들어 주는 사람도 있다. 예전에 A주무관은 주민과 한번 상담을 하면 1시간이 넘게 거의 2시간씩 상담을 했다. 친절하기는 했지만 너무 과했다. 그렇게 상담을 하고는 본인은 주말에 미술치료를 하면서 스트레스를 해소했다. 너무 과하면 지친다. 정도를 지키면서 경청하는 태도를 일상화하고 적당한 선에서 정리하면 충분하다. 직원 혼자 감당하기 힘들 때는 직속 상사가 개입하면 더 좋다. 그런데 대부분의 상사는 거의 개입을 안 하는 것이 문제다. 나는 직원들이 주민들과 대화 시간이 길어지면 계속 모니터링을 하면서 문제를 예방하려고 노력하고 있다. 예전에 혼자서 온갖 고생을 다 했기 때문에 직원의 심정을 어느 정도 공감한다. 생활이 어렵고 각종 문제를 가지고 있는 주민을 상담하는 일은 경력이 짧은 직원이 혼자서 감당하기에는 힘들 때가 많다.

가끔은 진심으로 대해도 수긍을 안 하고 모욕적인 언사를 하는 주민도 있다. 예전에는 무조건 죄송하다고 했다. 중앙부처는 어떻게 하는지 모르겠다. 일선에서 일하는 하위직들은 무조건 굽혀야 한다. 한 번이라도 대적했다가는 '불친절한 공무원'으로 찍혀서 도매금으로 넘어간다. 하지만 진심으로 대해도 안 된다면 단호하게 대응할 필요는 있다.

동주민센터에는 술 취해서 일을 보러 오는 주민들이 많다. 집 근처이고 마음이 편한 탓인 것 같다. 꼭 술에 취해 말도 안 되는 이야기만 한다. 직원을 붙들고 협박 비슷하게 말할 때도 있다. 예전에는 직원들이 붙잡아 데리고 나갔었다. 지금은 팔이라도 잡으면 쳤다는 등 이상한 말들을 해서 아예 경찰서에 신고를 한다. 진심으로 주민의 고충을 처리하고자 경청을 했으나 소통을 거부하는 주민에게는 단호하게 행동하는 게 상책이다.

소통을 잘하는 방법은 주민이 해결하길 원하는 문제에 대해 정확하게 답변을 하는 것이다. 주민들은 관에 놀러 온 사람들이 아니다. 해결하고 싶은 문제를 가지고 온 사람이다. 공무원은 주민이 원하는 문제를 빠른 시간 내에 해결해 줘야 할 의무가 있다. 그런 과정에서 서로 다른 생각을 하고 있으면 소통이 제대로 안 된다.

때로 자신의 부서 소관이 아닌 업무인데도 고충을 겪기도 한다. 하지만 이때도 자신의 일이 아니라고 바로 다른 부서 소관으로 넘기지 않도록 한다. 주민은 당장 문제를 해결하고 싶고 빠른 처리를 원한다. 거기에다 대고 원론적인 말만 하면 단번에 불친절한 공무원으로 찍히면서 진정 민원으로 둔갑한다. 사실관계고 뭐고 이제는 불친절이 주요 이슈가 되는 시대다. 그럴 때 내 일이 아니라고 대응하면 일이 커진다. 우선 주민의 말을 경청한 다음 마음을 가라앉히고 진정시킨다. 업무도 많은데 손해 보는 것 같을 것이다. 나도 그런 일이 많았기 때문에 이해한다. 하지만 일단 친절하고 침착하게 직접 관련 부서로 연결해 주고 위로해 준다면 성의 없는 직원으로 보지는 않을 것이다.


공무원은 무슨 일이 있어도 자신이 맡은 업무에 대한 정확한 규정과 지식을 옆에 두고 달달 외우듯이 숙지해야 한다. 입사 때부터 업무에 대한 지침을 정확히 익혀야 민원인에 대해서 당당하게 대응을 할 수 있다. 요새 민원인들은 교육수준의 향상과 인터넷의 발달로 인해 공무원보다 정보가 더 많다. 다 알면서 공무원을 시험하는 경우도 있다. 어떤 때는 복지서비스 내용을 출력해서 들고 다니면서 물어보기도 한다. 국가에서 시행 예정인 정책도 미리 알고 문의한다. 상부에서 하부기관까지 내려오는 기간 동안 매스컴에서 미리 보도하기 때문이다. 시대의 흐름과 트렌드 파악을 충실히 하면 더 똑똑하고 당당한 공무원으로 지낼 수 있다.

지침과 규정을 잘 알아야 하는 이유는 또 있다. 규정을 잘 모르고 일처리를 하면 주민의 재산권 침해를 할 수도 있다. 주민에게 재정적인 손해를 입힐 수 있다는 말이다. 담당직원이 책임을 지거나 변상하는 경우도 종종 생긴다. 공공복지서비스 업무는 주로 수급 자격을 결정 및 제외시키는 일이다. 대부분 전산시스템으로 정확하게 판명되지만 미묘한 차이는 직원의 관련 지침 숙지에 따라서 달라진다. 이러한 관련 규정과 지침이 수십 가지다.

A주무관은 규정과 지침은 아예 무시하고 자신의 철학에 따라서 일을 했다. 주민들에게 칭송과 존경을 한 몸에 받았다. 신청만 하면 어떤 상황에서든 다 해 주고, 안 되는 것이 없으니 좋아할 수밖에 없었다. 업무에 관련된 서류가 아예 없어서 감사 받을 거리도 없었다. 주민들의 칭송에 의해서 중앙정부에서 상까지 받았다. 나중엔 아무 조건 없이 모든 걸 해 주는 그가 다른 곳으로 가는 것을 막을 정도였다. A주무관은 행정을 수행한 것이 아니라 정부예산으로 개인의 자선사업을 한 것이다.

때문에 그의 후임으로 간 직원은 말할 수 없는 고통을 겪어야 했다. 새로 업무를 맡은 직원은 정상적으로 지침과 규정을 적용하여 일을 했다. 주민들은 전임자 이야기를 하면서 수긍을 하지 않았다. 행정은 자선사업이 아니다. 다수의 주민을 위한 공정하고 보편적인 서비스를 제공하는 것이 우선이다. 공무원의 가장 중요한 일은 자신이 맡은 업무의 규정을 철저하게 숙지해서 정확하게 적용하는 것이다. 이를 입사 때부터 익숙해지도록 훈련해야 한다.

공무원 업무는 대체로 감정노동이 많다. 많은 사람을 대해야 한다. 어떤 주민을 만나든 경청하는 습관을 들이자. 경청하는 습관은 처음부터 익숙하기 어렵다. 힘이 들더라도 상대방의 마음을 헤아리기 위한 관련 서적도 보면서 연습하자. 우선 자신의 내면이 강하고 자신감이 있어야 상대방의 말을 끝까지 들을 수 있다. 자신이 당당하기 위해서 업무에 대한 관련지침과 규정을 숙지하는 것은 언제나 기본 중의 기본이다. 업무에 대한 자신감 있는 태도와 상대방에 대한 배려만 있으면 경청과 소통은 저절로 될 것이다.

# 03_
## 기본이 가장 중요하다

모든 일은 기본이 중요하다. 공무원 관련 업무도 처음부터 기본을 제대로 갖춰 놓지 않으면 주민에게 손해를 끼칠 수 있다. 공무원이 하는 업무는 주민의 복지와 안전을 위한 일이다. 처음부터 정도를 걸으며 일을 추진해야 한다. 공무원은 자신이 맡은 업무에 대해서 정확히 알고 있어야 한다. 관련 법령은 당연히 모두 숙지해야 한다. 꼼꼼하고 세심한 성격을 가진 사람들이 더 잘 적응하는 이유다. 또한 공무원의 일은 문서로 작성된 보고를 통해서 이루어진다. 보고서 작성을 꼼꼼하게 제대로 해야 한다. 업무관련 법규와 지침 등을 숙지하는 습관을 초년부터 잘 익혀야 두고두고 일을 잘할 수 있다.

첫째, 업무에 관련된 주민과의 소통과 이해를 위해서 대화기법이나 상담방법을 익혀야 한다. 모든 업무는 주민과의 소통으로 시작되고 소통으로 끝난다. 신규 직원이라면 선임이 하는 주민 응대법, 대화기법을 관찰한 후 쉽고 편안하게 적용해서 자신만의 대화 기법을 만들어야 한다. 우선 업무 파악을 제대로 해야 주민 앞에서 당당하게 대처할 수 있다. 또한 자신의 말버릇, 태도 등을 사전 점검하면서 주민 응대를 하면 더 좋다.

공무원이 하는 일 중에는 대민업무가 많은 비중을 차지한다. 그런데 현장에서 일을 하다 보면 대민업무를 힘들어하는 직원들이 많다. 그렇다고 해당 직원만을 위해서 별도로 교육을 시행하기에는 예산문제라든가 교육시간 확보 차원에서 여의치가 않다. 결국 직원 각자가 스스로 능력 향상을 위해서 노력을 해야 한다. 평생 동안 근무할 직장이다. 대화와 응대에 관한 책 정도는 읽고 연습을 하도록 하자. 독서, 인터넷, 영화감상 등을 통해서 간접경험을 하면 타인에 대한 공감능력이 더 향상된다. 책, 인터넷, 영화는 기본적으로 대중과 공감하는 소재와 방식으로 이루어져 있다. 이런 매체를 자주 접하면 공감하는 능력이 늘어난다. 혹시 자신의 개인적인 문제로 주민과의 응대가 힘들다면 다양한 방법으로 자신부터 바꾸어야 한다. 문제가 있는데 개선할 노력은 안 하고 계속 문제를 일으키는 것은 바람직하지 않다.


둘째, 업무를 처리할 때 법규와 지침 숙지를 잘하는 습관을 들여야 한다. 자신이 맡은 업무를 잘 수행하는 것이 기본 중의 기본이고 최고의 덕목이다. 업무에 관련된 지침을 잘 숙지하는 것이 가장 중요하다. 입사 초년부터 습관을 잘 들이면 다른 부서에서 새로운 업무를 할 때 쉽게 일처리를 할 수 있다. 전임자의 서류를 우선 참고해서 처리하다 보면 몇 년 전 없어진 법령에 의해 처리하는 일이 발생할 수 있고, 업무 지침은 해마다 달라지는 경우가 많으니 최근 몇 년 전 것부터 현재 시행되고 있는 지침을 잘 비교하면서 일해야 한다.

요즘 주민들은 인터넷발달과 높은 교육열로 알고 있는 정보가 매우 많다. 공무원이 주민들이 알고 있는 것보다 더 많이 알고 있어야 제대로 된 상담과 응대가 된다. 담당이 업무를 제대로 모르는데 상담이 제대로 될 리가 없다. 법규와 지침을 적용할 때 잘못하거나 자의적으로 해석하면 문제가 생긴다. 그럴 때는 동료와 상의하지 말고 상사에게 공개하여 상의해야 한다. 혼자 해결하기 위해 시기를 놓치면 더 큰 문제가 발생한다. 재차 말하지만 주민을 대할 때는 자신이 많은 업무의 처리절차를 잘 정리해서 숙지해야 한다. 기본매뉴얼을 잘 알고 대처해야 한다.


A주무관은 일처리가 꼼꼼하다고 소문이 자자하다. A주무관에 대한 소문은 부서를 넘어서 타 부서까지 퍼졌다. 그 직원은 업무를 맡는 부서마다 매뉴얼을 잘 만들고 일처리를 잘한다. 자신이 맡은 업무에 대한 기본 처리방법과 세부 사항을 완벽하게 파일에 작성한다. 어떤 후임자가 와도 즉시 업무를 할 수 있을 정도다.

예전에 어떤 직원은 후임자에게 업무 인수인계를 하기는커녕 컴퓨터에 있는 모든 자료를 포맷시키고 떠났다. 왜 그런 일을 했는지 알 수는 없다. 후임자가 일을 하는 데 어려움이 있을 것을 알면서도 자료를 다 없애고 간 것이다. 다른 부서로 발령이 나서 떠나는 직원이 후임자가 일을 잘할 수 있도록 자료 정리를 잘하고 가는 것은 기본 중의 기본이다. 가끔 후임자에게 일을 대충 정리하고 가는 경우가 있다. 그러면 부서장과 직원들에게 아주 안 좋은 직원으로 기억된다. 그 직원에 대한 안 좋은 평판은 순식간에 퍼진다.

셋째, 보고서 작성에 공을 들여야 한다. 모든 업무처리는 보고로 시작되고 보고로 끝난다. 보고서는 기안문, 한 장짜리 보고서를 비롯해서 정책보고서까지 형식이 정형화되어 있다.

B주무관은 양질의 보고서를 작성하는 직원으로 알려져 있다. 부서장들이 발령 날 때마다 같이 일하고 싶어 하는 직원 중의 한 명이다. 어떤 식으로 보고서 작성을 잘하는지 알아보았다. 보고서를 빠른 시간에 잘 만드는 것은 모든 직원들의 희망사항이기 때문이다. 그 직원은 평소에 책을 많이 읽고 다른 사람의 보고서를 참고하여 자주 써 보았다고 한다. 처음부터 잘한 것이 아니라 많이 써 보고 많이 지적도 받으면서 좋은 보고서를 만들게 되었던 것이다. 이렇듯 보고서는 업무에 대한 충분한 이해와 애정을 바탕으로 잘된 보고서를 보면서 꾸준히 작성하다 보면 쓰는 실력이 향상된다. 보고받는 사람을 고객으로 생각하고 고객의 입장에서 작성하면 좋은 보고서가 생산된다.

나는 처음 입사했을 때 보고서 작성, 업무처리 방법을 제대로 배우지 못했다. 변명을 한다면 산적한 업무로 인해 제대로 배울 시간이 없었고, 보고서를 작성할 만한 일도 없었기 때문이다. 업무를 제대로 파악하기도 전에 민원대에 앉아서 상담을 해야 했다. 주로 하는 일은 보고서 작성능력이 중요하지 않은 반복 업무였다. 그 때문에 후에 6급 승진 시기가 되었을 때 고생을 많이 했다. 6급으로 승진한 후에는 연륜도 쌓이고 많은 보고서를 처리하면서 능력이 향상되었다. 그 당시에는 지금처럼 전 부서의 공개된 서류를 열람할 수 없었다. 무슨 업무든지 종이에 써서 기안을 했고, 그 기안문을 타이피스트에게 주면 다시 쳐서 발송했다. 그 뒤로 컴퓨터를 사용하면서 전자 기안문 체제가 갖춰졌다. 2000년부터는 개인용 컴퓨터를 들여와 인터넷을 사용했다. 근무경력이 짧은 직원은 고참들이 틈을 내주어야 인터넷을 사용할 수 있었다. 그만큼 다른 사람의 문서를 열람해서 배울 기회가 없었다.

지금은 마음만 먹으면 얼마든지 보고서 작성기술을 향상시킬 수 있다. 전에는 참고할 보고서를 발령이 날 때마다 들고 다녔다. 좋은 보고서나 계획서를 확보하는 것도 큰 능력이었다. 지금은 전산으로 결재시스템이 운영되어 업무에 도움이 되는 보고서를 다운받아 공부할 수 있는 좋은 환경으로 변했다.

민원부서에서 근무할 때는 보고서 작성에 큰 비중이 없다. 그러나 사업부서에서 근무하게 되면 당장 보고서를 계속 생산해야 한다. 기존양식이 아닌 새로운 양식을 급하게 만들어야 할 때도 있다. 물론 기존양식을 참고하면 된다. 그러나 보고서 작성 능력은 갑자기 늘지 않는다. 항상 생각하고 준비하는 태도를 가져야 순발력 있게 처리할 수 있다.

나는 이렇게 좋은 업무환경에서 미리미리 공부를 하거나 준비를 하지 않는 직원을 볼 때마다 안타깝다. 조직에서 일 잘한다는 평가를 받기 위해서는 풍부한 콘텐츠를 잘 보고할 수 있어야 한다. 상사에게는 보고서 잘 써 오는 직원이 최고의 직원이다. 정확한 분석과 논리가 없는 쓰레기 같은 보고서를 들고 올 때마다 상사들은 뒷목을 잡는다는 것을 명심해야 한다.

민간기업도 마찬가지겠지만, 공무원 조직은 보고서와 문서로 소통을 한다. 각종 회의를 할 때마다 보고서를 참고로 진행한다. 내가 근무하는 곳에서는 2014년부터 문서작성 표준화를 실시하였다. 이창우 구청장님은 문서의 가독성과 업무효율화를 위해 보고서의 양식을 과감하게 모두 바꿨다. 보고서 종류와 양식, 표시기호와 보고하는 방법을 통일시켰다. 처음에는 낯설고 익숙하지 않았지만, 시행한 결과 매우 효율적이었다. 매일 보고서에 파묻혀 사는 직원들은 모두 환영했다. 보고서 작성시간과 검토하는 시간이 절약되었다. 예전에는 보고서 작성방법이 부서와 직원마다 너무 다르고 다양했다. 표시기호도 제각각이었다. 기호색깔은 울긋불긋하였고, 보고서 만드는 데 쓸데없이 많은 공을 들였다. 지금은 보고서 양식 통일로 실질적인 내용에 집중하면서 일하고 있다. 다산 정약용의 지식경영법이 별다른 게 아닌 것 같다. 업무효율화를 위해 과감하게 개선하는 결단이 중요하다는 것을 보여준 것이다.

　기본이 단단해야 손발이 편하고 하는 일이 즐겁다. 하는 일
마다 칭찬도 받고 인정을 받으므로 아침에 일어나서 출근하는
시간이 즐거운 직장생활을 하게 된다. 이왕이면 처음 입사할
때부터 업무에 관련된 기본기를 탄탄하게 쌓아 놓자. 앞으로의
직장생활이 더 멋진 탄탄대로가 될 것이다.

# 04_
# 자기 관리를
# 잘하는 직원이 되라

직장 내에서 지켜야 할 사항에는 여러 가지가 있다. 전화예절, 인사 잘하기, 존댓말 쓰기 등등은 직장생활을 하면서 최소한으로 지켜야 할 것들이다. 요즘엔 그러한 기본 매너 중에서 성희롱이나 성추행이 중요한 화두가 되고 있다. 최근 공무원 시험에 응시하기 전에 성범죄 경력이 있으면 시험에 합격했어도 취소된다는 기사를 본 적이 있다. 그만큼 인권보호가 강화되었다. 공무원 조직도 마찬가지다. 성희롱이나, 성추행 사건을 일으키면 즉시 징계절차에 들어가고 해임되는 경우도 많다. 이런 응당 지켜야 할 사항을 제대로 안 지키면 자기관리에 치명타를 입을 수 있다.

SNS 매체가 발달하면서 본인이 의도하든, 의도하지 않든 상대방에게 피해를 입히는 일도 많다. 키보드 한번 잘못 눌러 패가망신 직전까지 가는 사람들도 있다.

A주무관은 B주무관에 대한 성희롱적인 말을 내부통신망을

통해서 C주무관에게 전송했다. 마침 메시지가 컴퓨터로 전송되는 자리에서 B주무관이 그 내용을 보게 되었다. A주무관과 B주무관은 같은 부서에서 근무할 뿐 친분 관계가 없는 사이였다. 사적인 모임 자체도 없었다. 내무메일 내용에는 '상판이 재수없다, 같이 술 먹으면 술맛이 떨어진다, 술자리에 초대하지 말라.' 등등의 성희롱적인 문구가 가득했다. 같이 술을 먹은 사실도 없는데 성희롱적인 메일을 보낸 것이다. 그 이야기를 듣고 같이 분개한 생각이 난다.

A주무관은 곧 사과했다. 사과한들 무슨 소용이 있을까. B주무관은 자존심이 심하게 상했다. A주무관의 실수는 순식간에 소문이 났다. 다행인지 B주무관이 신고를 안 해서 조용히 넘어갔다. 만약에 신고를 했으면 일이 커졌을 것이고 징계를 받았을 것이다. 이렇게 자기관리를 제대로 안 하면 순식간에 평판이 나빠지고 회복할 수 없게 된다. B주무관은 그때 당한 일을 아직도 기억하고 있다고 한다.


D주무관은 지하철에서 여자 승객의 사진을 찍다가 경찰에 걸렸다. 본인은 전철 안을 찍었을 뿐이라고 했다. 핸드폰 속에 있었던 여러 가지 야한 사진과 동영상이 문제가 되었다. 다른 여성들의 사진도 많았다. 그 주무관은 경찰에서 심문을 받고 해명하느라 분주하게 다녔다. 결국 해결이 잘 되어서 범죄자를 면하게 되었다. 평소에 점잖은 사람이었는데 의외의 일이어서 한참 입소문이 났다. 공무원은 품위유지를 지켜야 하는 항목

이 있어서 밖에 나가서도 오해받을 처신을 해서는 안 된다. 신분상 큰 영향을 끼친다. F주무관은 친한 여직원에게 야한 사진과 동영상을 보내기도 했다. 옆자리에 있다 우연히 보았는데 기함을 할 뻔했다. 다행히도 그 여직원은 개의치 않았다. 개의치 않으니 망정이지 그 직원이 사이가 안 좋을 때 신고라도 하면 어쩔 것인가. 자기관리는 업무뿐만이 아니라 직원과의 사이에 문제가 없어야 하는 것까지 해당된다. 그런 일을 일으킨 사람은 평판이 나빠진다. 내부 승진이 있을 때는 라이벌 세력에 의해서 무참히 짓밟힌다는 것을 명심해야 한다. 특히 앞날이 창창한 젊은 직원들은 더 조심해야 한다. 아직 할 일이 많기 때문이다. 자신의 소중한 꿈을 이런 사소한 실수로 망칠 수는 없지 않은가.

예전에는 부서에서 행사가 끝나면 회식을 많이 했다. 그런데 부서장이 젊은 여직원에게 약간의 신체접촉을 했다. 술이 많이 취했던 부서장은 기억을 못 했지만 젊은 여직원은 생생하게 기억을 했다. 소문이 꼬리를 물고 퍼졌다. 구에서는 조사에 들어갔고 그 당시 현장에 있던 많은 직원들이 조사대상이 되었다. 부서회식에서 발생한 일로 사안이 경미하다고 여겨져 잘 마무리되었다. 부서장은 한동안 근신하면서 지냈다. 더 크게 비화되지 않아서 다행이었다. 제3자들은 그런 일을 했으면 응당 대가를 치러야 한다는 의견이 주를 이뤘다. 이렇게 일과에서 일어나는 성희롱, 성추문 사건은 즉각 아웃대상이 된다. 자칫하면 공직생활을 추문으로 끝낼 수 있다. 젊은 직원들은 몇 년씩 공부해서 어렵게 들어온 직장을 하루아침에 잃어버릴 수 있다.

전에는 부서장들 중에서 술을 좋아하는 사람들이 많았고 저녁에 회식하면서 소통하는 일을 당연하게 여기는 풍조였다. 낮에 아무리 일을 잘했고, 주어진 일을 다 마쳤어도 저녁모임에 참석하지 않으면 부서장의 눈 밖에 나는 일이 많았다. 아이를 키우는 여직원들은 안팎으로 정말 힘들게 지냈다. 우리 구에서는 서울시 방침에 의거 5급 이상 부서장의 시간 외 근무를 없앴다. 저녁밥을 먹거나 회식을 하는 부서장의 시간 외 근무를 없애면서 부서장이 일찍 퇴근하게 되니 직원들은 자유로워졌다. 직원들은 밖으로 표현을 안 했을 뿐 속으로 모두 만세를 불렀다. 특히 아이를 키우는 여직원들은 무척 좋아했다. 어떤 때는 좀 더 일찍 이렇게 되었으면 더 좋았을 텐데 하는 생각까지 했다.

내부 결재망에는 아침마다 청렴뉴스가 게시된다. 성희롱, 성추행, 갑질행태, 부정부패로 입건되는 사례가 계속 보인다. 매일매일 올라오는 걸 보면 정말 자주 일어나거나 예방차원으로 보여 주는 것 같다. 하위직들은 어찌 윗분들 생각을 알 리가 있을까 하면서 열심히 본다. 주로 공직생활을 하면서 자기관리를 못 하면 벌어질 수 있는 사건사고가 많이 게시된다. 이런 일을 저지르는 간 큰 사람도 있구나 하면서 조심하는 마음을 갖는다. 전에는 사건이 일어나도 사직을 하면 없던 일로 하고 무마되곤 했다. 지금은 한 번이라도 적발되거나 분쟁이 일어나면 징계절차에 들어가거나 곧 해임된다.

직원의 성비를 보면 여직원들이 더 많다. 여성들이 시험에 응시를 많이 하고 시험 준비를 더 잘하기 때문이라고 한다. 여직원들이 많아지면서 성희롱에 대한 개념도 많이 바뀌고 상사들도 더 조심하는 것 같다. 예전에는 젊은 여직원들을 앞장세워서 같이 밥을 먹고 회식을 했다. 아마도 어떤 조직이든 똑같을 것이다. 요새는 사건 사고를 만들 여지를 없애기 위해 젊은 여직원들과 같이 모임을 하는 것 자체가 없다. 이 말 저 말 오가다 보면 오해도 생기고 잘못하다가는 구설수에 오르기 때문이다. 대신 점심시간을 주로 활용한다. 점심시간에 같이 밥을 먹으면서 간단한 동향을 파악한다. 애로사항이 있으면 잠깐 이야기하고 다시 면담을 하면 된다. 이렇듯 근무 풍토가 많이 변했다. 소통의 시간이 줄었다고 생각할 수도 있다. 예전에 비하면 조금은 삭막하지만 세태가 변했으니 부지런히 따라가야 살 수 있다고 생각한다.

조직에서는 일을 잘하고 능력을 인정받기 전에 자기관리를 잘하는 것이 중요하다. 모든 사회생활의 근본이기 때문이다. 자기관리를 잘하여야 그 기운으로 일도 잘할 수 있다. 직장에서 일을 하면서 인간관계에 지치면 자기관리에 소홀해질 수 있다. 조직에 너무 동화되어도 스트레스에 치여 나 자신을 잃어버릴 수 있다. 조직에서 한 발 떨어져서 생활하는 것도 자기관리를 잘하는 방법 중의 하나라고 생각한다. 항상 지치지 않는 나만의 방법을 찾아보고 실행해 보자.

# 05_
# 내 일은
# 내가 책임진다는 각오로 일하라

공무원은 한 부서에서 통상 2년 정도 일하면 전보 발령으로 부서이동을 한다. 구청 인사팀에서는 발령 전에 전보 대상자의 희망근무부서를 사전에 신청 받아 각 부서의 여건과 전보대상자의 역량을 고려하여 발령을 낸다. 정기 인사를 하는 이유는 조직침체를 예방하고 다양한 업무능력 향상을 위해서 다. 그래서 직원들은 발령시기를 예상하며 일을 하기도 한다. 발령을 생각하지 않고 현재 일만 열심히 하면 좋겠지만 힘을 아끼고 대충 일하는 경우도 있다. 특별한 전략사업이거나 중요한 사업이 있을 경우엔 잔류하여 일을 한다. 부서에 남아 일을 더 한다고 인사상 이익을 주는 경우는 별로 없기 때문에 대부분 정기 인사 때는 이동을 하는 편이다.

승진대상이 될 때 열심히 일하면 인정을 받지만 오히려 징계 거리가 더 많이 나오기도 한다. 업무를 추진하다 보면 본의 아니게 실수를 하는 경우가 있기 때문이다. 상사 입장에서 일을 많이 하고 잘하면 승진시키고 싶지만 내부 반발이 만만치 않다. 특히 기득권 세력에서 밀어주는 직원과 경쟁관계인 경우, 서열이 앞서는 직원이 있는 경우 더 심하다. 부서이동과 근평을 잘 조절하여 기간을 두고 관리하면서 일을 시키면 반발이 어느 정도 수그러들기도 한다. 따라서 직원들이 한결같이 성실하게 일을 꾸준히 잘한다는 것이 입증되면 상당한 평판을 얻게 된다.

나는 시장활성화팀에서 전통시장 활성화 사업으로 남성사계시장의 골목형시장 육성사업을 했었다. 전통시장 활성화 사업은 민선6기 이창우 구청장님의 중점공약사업이었다. 민선6기 전에는 전통시장사업이 전무했다. 서울의 25개 자치구 중에서 우리 구 전통시장 활성화 사업이 제일 낙후했었다. 이창우 구청장님의 공약사업에 의해 전통시장 활성화 사업이 중요사업으로 부각되었고 많은 성과가 있었다. 남성사계시장 골목형시장 육성사업은 시장 환경 개선과 상인 경영 기술 향상을 위한 사업이었다. 골목형시장 육성사업이 성공적으로 시행되면 문화관광형 사업까지 연계되기 때문에 매우 중요한 사업이었다. 그런데 시행 사업사의 부도로 사업이 무산되었다. 디자인 설계에 많은 강점이 있는 업체였는데 부도가 나서 무척 아쉬웠다. 그나마 시장상징물이나 물품에 사용할 로고가 멋있게 만들어져서 위안이 되었다. 우리는 중소기업청과 협력하여 골목형 시장 육성사업을 시행사 없이 직접사업으로 추진하기로 했다. 당시 선례가 없었기 때문에 대책안을 세우는 데 어려움을 겪었지만 대전에 소재한 중소기업청을 여러 번 오가면서 협상한 끝에 부서에서 직접 사업을 하기로 했다.

처음으로 하는 사업이었고 시장에서 일할 스텝 3명을 뽑아서 일을 했다. 담당자인 A주무관은 갑자기 일이 늘어나게 되었다. 기존에 하는 업무는 업무대로 하면서 일이 추가되었다. 불평도 할 만한데 아무 말 없이 처리를 다 했다. 시행사에서 추진하던 일까지 다 챙겨서 해야 했고 하루하루 새로운 일거리들이 나타났다. 스텝 일까지 세세하게 챙기면서 공사를 했고 서류도 건건이 처리해야 했다. 시행사를 거치지 않고 직접 일을 추진하면서 숙지해야 할 일들도 산더미같이 많았다.

저녁 11시에 퇴근하는 것은 기본이고 주말에도 출근해서 처리해야 일들이 줄을 이었다. 담당주무관은 불평불만도 없이 묵묵히 그 복잡하고 많은 일들을 해냈다. 부서 내에서 서류작업만 하는 일이 아니었다. 시장상인들의 의견을 수렴하고 스텝들과 수시로 회의를 거쳐야 하는 일들이 많았다. 게다가 공사계약과 물품계약도 계속 처리해야 했다. A주무관이 못 하겠다고 투덜대지 않고 잘해 줘서 사업을 성공적으로 마쳤다. 다음 해에 문화관광형 사업에 공모하여 선정이 되는 좋은 결과를 이뤘다. 남성사계사장의 로고도 시장특성에 맞게 제작이 잘 되었고, 다양하게 활용하게 되었다. 소상공인진흥공단에서 시장매출을 조사한 결과 매출액이 향상되기까지 했다. 상인들은 보통 매출이 떨어졌다고 하는 게 일반적인데 여러 가지 사업을 시행하고 정성을 들인 결과가 나타난 것이다.

A주무관의 경우 시행 사업사의 부도를 사업종료로 생각하고 사업을 못 하겠다고 해도 비난할 사람은 없었다. 중소기업청에 예산을 반납하면 아무 문제가 생기지 않는 일이었다. 단지 해당 시장인 남성사계시장에는 아무 혜택이 없게 된다. 남성사계시장의 열정적인 상인들의 사기는 저하되는 것이다. 또한 다음 해의 사업을 진행할 수 없게 된다. 주민들을 생각하면 사업을 계속하는 것이 최선이었다. 이렇게 적극적으로 일을 처리하는 공무원의 업무처리 방식은 빛을 발하게 된다.

직장에서 있다 보면 자신이 맡은 일 외에도 더 많이 일해야 할 때가 종종 있다. A주무관이 일을 못 하겠다고 하면 상사도 억지로 시킬 수는 없다. 요새는 직원권리가 매우 중요해서 상사들도 입지가 좁아졌다. 잘못하면 사내의 노조게시판에 직원을 괴롭히는 상사로 이름이 올라 찍힐 수 있기 때문이다. 하지만 이처럼 업무를 하다 보면 자신이 하지 않아도 될 일이 발생하거나 비상사태로 인해 업무 마무리를 위해서 자신의 역량보다 더 많은 일을 해야 하는 경우가 생긴다. 그럴 때 담당으로서 힘들더라도 참으면서 일을 마치면 본인의 역량도 많이 향상되고 미래 발전역량의 초석을 다지게 된다. 또한 어려운 업무를 완수한 직원으로 빠르게 평판이 퍼진다. 모든 부서장이 같이 일하고 싶은 직원으로 꼽히게 된다.

B주무관은 말이 없고 과묵하다. 자신이 맡은 일은 하나하나 최선을 다해서 처리한다. 한 가지 사안이 발생하면 어느 정도 정리한 후 상사에게 보고하고 지시를 받으면서 일처리를 한다. 일이 생기면 일일이 물어보거나 자신이 해야 할 책임을 미루지 않는다. 자신이 맡은 일은 밤을 새워서라도 다 처리한다. 주위 사람들의 일도 척척 잘 도와준다. 한마디로 공무원조직에서 가장 좋아하는 유형이다. 일단 자기 일을 우선적으로 제대로 하기만 해도 매우 긍정적인 평을 받는데 어떤 어려움이 닥쳐도 본인이 책임을 지는 근무태도를 가지고 있었다. B주무관은 청 내에서도 우수 직원으로 소문이 자자했다. 별다르게 특출난 특기는 없는 직원이었으나 조직 내에서 적응을 매우 잘하고, 주변직원들과도 융화를 이루는 직원이었다. 또 책임감이 무척 강했다. 상사들은 B주무관을 인간성이 좋고 조직 친화력이 있기 때문에 조금 더 훈련하면 훌륭한 직원으로 성장할 것으로 판단하고 있었다. 기본성향이 성실하고 책임감이 강하기 때문에 모두 같이 일하고 싶은 직원으로 점찍고 있었다. 언제 어디서든 한결같고 맡은 바 일을 잘한다는 것은 매우 중요하고 당연하다. 그런 업무태도를 유지하는 것은 꾸준한 자기수양 없이는 불가능하다. 계속 주위사람들과 교류하고 자신에 대한 부단한 성찰이 선행되어야 한다.

공무원의 주요 관심사이고 조직생활의 꽃으로 여기는 승진서열에 없어도 꾸준하고 열심히 일하는 직원은 언젠가 빛을 본다. 어느 부서를 가든 어떤 업무를 하든 성실하게 일하는 업무 방식을 몸에 체화시키는 것이 중요하다. 처음에 일을 할 때 성실하게 일처리를 하는 습관을 들이면 모든 사람들이 안심하고 일을 맡긴다. 만약에 어떤 비상사태가 발생해도 그간의 행보를 알기 때문에 믿고 신뢰하게 된다.

해결해야 할 과제인 줄 알면서도 자신이 있는 동안에 사고만 나지 않으면 된다는 소극적이고 책임회피적인 태도는 없애야 한다. 내가 맡은 일을 하다가 발생하는 문제는 적극적으로 해결방안을 생각해야 한다. 이런 자세와 대처능력은 근무하는 동안 시간만 보낸다고 저절로 생기는 것은 아니다. 꾸준히 업무에 대해서 고민하고 주민연관사업인 경우 주민의 입장에서 다각적으로 생각을 해야 한다. 어떤 일을 하든 '내가 왜 이 일을 해야 하는가' 하는 것보다는 '이 일을 어떻게 할 것인가', '나는 이 일을 통해서 무엇을 배울 수 있을까' 하는 마음가짐을 가지면 더 보람이 있는 공직생활을 할 수 있다.

공무원 조직에서 당장 죽을 만큼 힘든 일은 대체로 없다. 이익을 창출하기 위한 민간기업처럼 죽기 살기로 영업을 해야 하는 일도 없다. 주민의 복지와 안전을 위한 체제유지적인 업무가 많다. 그러니 더욱더 내가 맡은 업무는 기본으로 잘하면서 끝까지 최선을 다하는 업무습관을 입사초년부터 익혀야 한다. 입사초년부터 주어진 일만 그럭저럭 하는 습관이 몸에 배면 발전이 없게 된다. 오히려 업무능력이 퇴화되고 어느 순간 있어도 없어도 그만인 공무원이 되고 만다. A주무관, B주무관같이 평소에 맡은 바 일을 성실하게 처리하고, 비상시에도 그 모습을 끝까지 지킨다면 조직에서 좋은 평판을 받는 것이 당연하다.

자신에게 일이 주어졌을 때 당장 현재의 편안함을 쫓아서 살다 보면 미래에 남는 것이 없다. 평소에 업무를 하면서 힘들더라도 참고 견디며 자신의 역량을 길러야 한다. 정년까지 근무한다면 30년 동안 근무할 곳이다. 당장의 편안함을 따르지 말고 어려움과 시련을 극복해서 나의 발전을 도모해 보자.

# 06_
## 일도 잘하고
## 눈치도 있으면 금상첨화

눈치가 있으면 절에 가서도 새우젓을 구한다고 한다. 눈치는 바로 센스다. 직장에서 일은 평균이면 된다. 일도 잘하는데 직장 동료에게 잘하고 상사에 대해서 인간적인 배려까지 있으면 금상첨화다. 그런데 생각만큼 일도 잘하면서 센스까지 있기가 힘들다. 눈치가 있으려면 인간에 대한 관심이 있어야 하고 일단 부지런해야 한다.

A주무관은 항상 생글생글하고 옆의 팀원에게 친절하다. 일도 동일 직급 직원보다 월등하게 잘한다. 한 장짜리 보고서는 물론 복잡하고 타 부서 협조가 필요한 문서도 뚝딱 쉽게 잘 만든다. 한번은 부서장이 골치 아픈 일로 힘들어하고 있었다. 다들 공감하면서 조용히 있었는데 그때 A주무관은 부서장을 커피숍에 모시고 갔다.

부서장이 힘들어할 때 쉬게 하려고 같이 나간 것이다. 부서장은 힘든 감정을 잘 해소했고 편안한 마음으로 돌아왔다. 참으로 센스가 있는 직원이라는 생각을 했다. 부서장이 조용한 곳에서 쉬고 싶어 하는 타이밍을 놓치지 않고 배려하는 기특한 마음에 감동할 정도였다. A주무관은 누구나 같이 일하고 싶은 직원으로 평판이 났다. 후에 핵심사업 추진 부서에 가서도 동료들과 잘 지내고 많은 성과를 내면서 일하고 있다.

B주무관은 일처리는 조금 미흡했다. 직원들과도 잘 지내는 것 같지 않았다. 대신 부서장을 무척 우러러보고 롤모델로 생각해서 닮으려고 노력했다. 부서장이 조언을 하거나 꾸짖으면 잘 따르고 개선하려고 힘썼다. 때로는 맛있는 쿠키나 초콜렛을 살짝 가져다 놓기도 했다. 한번은 부서장에게 물어본 적이 있다. 그렇게 간식을 가져다주면 부담되지 않느냐고. 나 같으면 다음에는 가져다 놓지 말라고 할 것 같다고 했다.

그런데 부서장의 반응은 의외였다. 자신을 생각해 주는 부하직원이 있어서 든든하고 감사하는 마음이 든다고 했다. 상위직으로 올라갈수록 책임자들은 외롭다. 부하들이 막연하게 접근하기 어려워하고 어떻게 대할지를 잘 모르는 경우가 많다. 상사는 부하직원이 생글생글하게 자신을 챙겨 주면 고마운 것이다. 일처리는 조금 미흡해도 인간적인 진정성으로 마음이 통할 수도 있다는 것을 알 수 있다.

C주무관은 일처리에 믿음직한 직원이다. 일처리 결과를 보

면 정확하고 신뢰감이 간다. 그런데 내성적이고 직원들과 별다른 교류가 없다. 일명 곰순이라고 한다. 평소에 말이 별로 없었고 친한 직원끼리만 알고 지냈다. 본인이 맡은 일은 확실하게 잘하는데 주위에 알려진 것이 별로 없다. 조직에는 생각보다 평균적으로 일을 잘하는 직원이 많다. 다들 기본적인 업무능력이 있기 때문이다. 사람들 눈에 띄려면 다른 주특기가 있거나 친화력이 있어야 한다.

한번은 직무교육을 가겠다고 결재가 올라왔다. 그런데 나에게 사전에 논의를 하지 않고 일방적으로 결재를 올렸다. 그것도 대직 관계인 동료직원과 같이 가겠다고 했다. 이미 신청절차를 마쳐서 취소를 할 수 없었다. 교육 과정을 갑자기 취소하면 해당 자치구는 불이익을 받기 때문이다. 신중해야 하는데 오히려 두 명 다 가는 것이 문제냐는 식으로 대응했다. 개인사업장도 아닌데 상식적으로 이해할 수 없었다. 할 수 없이 두 명 다 교육을 가는 것으로 결정했다. 조직에는 위계질서가 엄연히 존재한다. 지킬 것은 지켜야 질서와 조직이 흔들림 없이 유지된다. 조직은 어떤 특정한 목표를 달성하기 위해 모인 곳이다. 한 번 흔들리면 뿌리까지 흔들리기 때문에 기본사항은 지켜야 한다.

직원 관리를 못한 나는 부서장에게 얼굴을 들 수가 없었고 너무 창피했다. 그 직원들은 매사가 그런 식이었다. 조직체계를 준수하지 않으면서 불만도 많은 직원이었다. 사람이 너무 눈치를 보면 소극적인 인상을 주지만, 어느 정도는 눈치를 볼 줄 알아야 한다. 그렇게 주위사람 생각을 안 하면 평판이 안 좋게 난다. 부서장에게 어떤 이미지로 각인되느냐는 공무원 생활에 큰 영향을 준다. 그 뒤로 다른 부서에 가서도 그 직원들은 역시나 존재감이 없는 평범한 직원으로 지내고 있다.

D주무관은 근무경력은 짧지만 일을 시원시원하게 하고 인사성이 있어서 부서장이 눈여겨보고 있었다. 점점 그 직원을 마음에 들어 하면서 추가로 업무를 지시했다. 그 추가 업무는 아주 힘들거나 시간이 많이 소요되는 것은 아니었다. 부서장은 그 직원을 믿고 맡긴 것이다. 그런데 그 직원은 추가 업무에 대한 불만을 가지고 있었다. 자신의 일이 아닌데 왜 추가업무를 하야 하는지 납득하지 못했다.

결국 주어진 일을 끝까지 마무리하지 않고 다른 사람에게 전가시켰다. 추진 결과를 제때 보고를 해야 하는데 보고도 안 하고 마무리 지은 것이다. 부서장은 노발대발했다. 이제 그 직원은 눈 밖에 난 것이다. 그 뒤로 두고두고 이야깃거리가 되었다.

상사들이 어떤 직원에게 담당 업무가 아닌데 지시를 내리는 것은 다 이유가 있다. 왜 나에게 그런 일을 시켰을까 생각을 해봐야 한다. 아니면 다른 사람에게라도 물어보고 행동을 해야 한다. 그 순간을 참지 않고 실수한 결과 이미지가 추락했다. 부서장에게 있어서 그 직원의 이미지는 업무를 다른 사람에게 전가시키는 직원으로 각인되었고 그 기억은 오래갈 것이다.

요새는 공직사회도 개인주의 풍조가 만연하고 있다. 예전에는 집단주의 개념이 너무 강해서 적응하기 힘들었다. 무슨 일이든지 단체로 해야 했다. 점심도 같이 먹어야 하고 저녁에는 빈번한 회식문화로 힘들었다. 주말에는 주말대로 눈치 보면서 출근할 때가 많았다.

최근 몇 년 전부터 개인주의 성향이 만연하면서 눈치 보면서 일하는 풍토는 없어지고 있다. 신규직원들은 상사의 눈치도 안 보고 다들 휴가를 잘 다닌다. 시대가 많이 변했다.

예전에는 휴가 자체를 가는 것이 힘들었다. 상사들은 휴가를 거의 안 가는 것을 자랑으로 여길 정도였다. 상사가 휴가를 안 가는데 부하직원이 휴가를 간다는 것은 도저히 불가능했다. 지금 생각해 보면 비용도 문제였겠지만 여가를 즐기는 문화가 거의 없었기 때문인 것 같다.

휴가를 갈 때면 직장 내의 업무 추진 일정 정도는 파악하고 휴가 일정을 잡아야 한다. 그런데 가끔 신규직원이나 자유로운 영혼을 소유한 직원들은 다 무시하고 일정을 잡은 후에 직장에 통보한다. 의회가 열리거나 감사일정이 잡혀있는데도 무시하고 추진할 때가 있다. 그런 일들이 어쩌다 한 번 일어나면 다행이지만 여러 번 일어나면 부서장과 동료에게 불편하게 각인된다는 것을 명심해야 한다.

가끔 비상사태가 생길 때가 있다. 그러면 부서장과 관련 상사들은 사무실에 무한정 대기해야 한다. 이런 상황이면 부하직원들도 상사들과 같이 있으면서 사태 추이를 살펴야 되는데 눈치 없이 일찍 가거나 다른 업무를 하는 경우가 있다. 상사는 힘들게 고생하는데 자신의 일이 아니라고 아랑곳없이 행동할 때 상사들은 매우 서운해하고 그때 일을 기억해 둔다.

직장 생활에서 눈치가 없다는 것은 기질적인 요인도 있지만 근본적으로는 타인에 대한 관심과 배려가 없는 데서 출발한다. 항상 눈을 크게 뜨고 귀를 열고 있으면서 타인에 대한 관심을 가질 때 눈치가 저절로 생길 것이다. 일은 기본적으로 잘하면서 상사와 동료에 대한 애정을 키워 보자. 눈치를 본다는 것을 아부를 한다고 생각하기 전에 주위에 대한 관심의 시작이라고 생각해 보자. 내 주위에 있는 사람들을 챙겨 주고 위해 주면 주민에 대한 배려도 생기고 소통도 가능하지 않을까?

# 07_
## 사람에 대한
## 관심과 사랑이 중요하다

신규직원 중에 민원인 응대에 서툴러서 힘들어하는 경우가 있다. 민원인은 아무 때나 본인의 업무처리를 해결해 주길 바라며 찾아온다. 공무원의 기분 상태를 고려해 주지 않는다. 공무원 스스로 자신의 컨디션을 조절하고 응대할 준비를 해야 한다. 인간에 대한 관심이 조금이라도 있는 사람, 상대방의 마음을 헤아려 줄 수 있는 사람이 일을 무난하게 할 수 있다.

나는 사회사업학을 전공했다. 대학에서 4년 내내 인간본성에 대한 공부와 대인관계 기술에 대해서 배웠다. 워크숍을 하면서 토론도 하고 여러 가지 공부를 했다. 그 당시에 담당 교수님께서 사회복지를 하면서 가장 중요한 것이 자신만의 철학이라고 강조하신 말이 생각난다. 그 당시에는 교수님의 말씀을 이해하기 힘들었다. 오랫동안 공직생활을 하고 나니 이젠 교수님의 말씀을 어느 정도 이해할 수가 있게 되었다.

오랫동안 공공복지서비스 업무를 하면서 인간에 대한 이해가 저절로 되는 것 같다. 학교에서 배운 것과는 또 다르다. 말도 안 되는 요구를 하고 하루 종일 괴롭히면 당장은 괴롭다. 그럴 때는 나만의 확실한 신념과 철학을 갖추는 것이 중요하다.

A주무관은 입사한 지 1년이 되었다. 나이 드신 노년층을 대하는 업무를 하고 있다. 노인들은 대부분 성격이 급하다. 마음에 여유가 있는 사람들도 있지만 대부분 빨리빨리 자신의 업무를 처리하고자 한다. 그럴 때는 차분하게 대화의 완급을 조절하며 상대방의 말도 들어 주고 달래야 한다. 천천히 공감하면서 들어 주면 대부분 만족해한다. A주무관은 다른 직원에 비해 업무처리가 다소 늦은 편이다. 업무량이 특별히 많은 편도 아니었다. 어르신들이 보기에 답답함을 많이 느꼈던 것 같다. 여러 차례 언성이 오가기도 했고 다른 경로를 통해 항의하기도 했다. A주무관이 아무리 잘했다고 주장해 봤자 소용이 없다. 단지 불친절한 직원으로 기억될 뿐이다. 그런 사태가 오기 전에 예방하는 것이 현명하다. 민원처리를 요청하는 어르신의 마음을 헤아려 주고 배려했어야 했다.

나도 입사초기에는 민원인과 충돌이 있었다. 친절도 마음의 여유가 있어야 나온다. 밤낮 없이 밀려오는 민원인에게 스트레스를 받고 잔업으로 힘든 상황에서는 친절한 태도가 나오기 힘든 것이 사실이다. 다행히도 요새는 직원의 스트레스를 해소하는 예방책을 많이 실시하고 있다.

1998년도에 불친절로 중앙일간지에 조그맣게 기사가 난 적이 있다. 해결하느라고 당시 부서장과 동분서주했던 기억이 난다. 장애인 부모님이었는데 내가 쌀쌀맞게 대응했던 것 같다. 굳이 변명을 하자면 그 당시에 내가 근무했던 동주민센터에는 등록 장애인이 수백 명 거주하고 있었다. 15개 동주민센터에서 제일 많았다. 근처에 청각장애인 학교가 있어서 장애아동들이 많이 거주하고 있었기 때문이다.

　　그런데 장애인 한 명에 대한 부가업무가 상당히 많다. 나는 그 일을 다른 업무와 함께 다 해내야 했다. 다 못하면 차로 싣고 가서 집에서 해 오기도 했다. 장애인 등록을 하려면 전출지와 전입지에서 원활한 전달이 되어야 한다. 장애인 인적사항을 알아야 부가서비스를 제공할 수 있는데 2000년 이전에는 우편발송으로 장애인명부를 주고받았다. 전산자료화가 되기 이전이었다. 그러다 보니 명부가 누락이 되거나 늦게 오기도 한다. 아마 그때 장애인 정보가 누락이 되었던 것 같다. 지금 같으면 아무리 힘들더라도 참으면서 잘 처리했을 것이다. 하지만 그때 나는 과중한 업무로 많은 스트레스를 받고 있었다.

　　1998년 당시에 나는 별정직이었고 상부에서는 핑계거리만 있으면 얼마든지 사직서를 요구할 수 있었다. 그나마 부서장이신 고광순 동장님이 그간의 내 성실한 면모를 잘 아셨기에 수습을 적극적으로 추진해 주셨다. 잘못되면 언론의 희생양이 될 것 같다는 우려하에 발 빠르게 해명해 주셔서 해결이 잘되었다. 다른 팀장님들과 케이크를 사 들고 민원인 집을 방문하는 등 사고 수습이 무척 힘들었다. 잠깐 참았으면 될 일을 감정조절을 못 해서 일이 커졌다. 그 당시는 무척 힘들었으나 시간이 지나면서 그 민원인의 처지가 이해가 되었다. 좀 번거롭고 해결하는 데 시간이 걸리더라도 최선을 다해서 처리했다면 그런 사태가 일어나지는 않았을 것이다. 일하면서 배우고 어려운 상황을 타개하면서 사람에 대한 관심과 사랑을 키우게 되는 것 같다. 또한 사람에 대한 사랑과 관심이 공공복지서비스 업무를 계속하게 되는 이유인 것 같다.

동주민센터에 근무할 때는 '지역주민을 위해서 이로운 일은 무엇이 있을까?' 하는 생각을 많이 했다. 나중에 동주민센터에 동장으로 근무하면 하고 싶은 일도 상상했다. 주민을 위해서 불편사항을 해결하고, 즐겁고 재미있는 동네를 만든다면 얼마나 행복할지 생각을 하면 너무 즐거웠다. 보육여성과에 근무할 때는 '어린이집 운영을 위해서 더 나은 지원책은 무엇일까? 열악한 환경에서 힘들게 보육하는 어린이집 교사들을 위해서 무엇을 어떻게 해 줄까?' 하는 생각으로 지냈다. 그렇게 진심어린 마음으로 최선을 다해서 도와주면 고마워하던 기억이 난다. 아마도 나중에 보육여성과에 다시 근무하게 되면 보육교사와 원장의 마음을 더 잘 헤아려서 도와줄 것이다.

나는 왜 그랬을까? 원장 대행 기간 동안 주어진 일이나 하면 되었을 텐데, 그냥저냥 현상유지나 하고 떠나면 되었을 텐데. 아마도 인간에 대한 관심과 사랑이었을 것이다. 나를 비난하는 직원들은 나를 보고 나대는 성격이고 쓸데없이 오지랖이 많은 사람이라고 했던 것 같다. 힘든 일을 더 하고 잘 해낸다고 더 많은 급여가 나오는 것도 아니다. 잘못하면 감사나 징계장을 더 많이 받을 수도 있다. 같은 직종 직급에서 영리하게 그런 궂은일을 피하는 직원들도 많았다.

공무원이 하는 일은 하루 종일 사람을 만나는 일이 대부분이다. 민원인들이 9시 업무시작 전부터 줄을 서서 기다리는가 하면, 저녁 퇴근 시간이 지나서도 끝나지 않는 업무가 많다. 공무원도 사람인데 전날 안 좋은 일이 있거나 몸이 아플 수 있다. 그래도 내색을 하면 안 된다. 한번은 인상을 찌푸리고 있었나 보다. 주민이 자신에게 왜 인상을 쓰냐고 화를 냈다. 주민에게 인상을 쓴 것이 아니었다. 기분이 안 좋아서 나도 모르게 인상을 썼을 뿐이다. 이렇듯 기본적으로 인간에 대한 관심과 인내심이 없이는 지내기 어려운 직업이다. 내 일만 잘 처리하고 그 외는 모른 척하는 인성을 가진 사람은 하루하루 버티기가 힘들다. 공무원은 주민의 복지와 안전을 제공하는 서비스직이다.

혹시 어쩌다가 공직생활을 시작했다면 서비스직에 종사한다는 마음가짐을 가지고 일해야 한다. 어쩔 수 없다. 업무의 성격이 주민에게 서비스를 제공하기 위해 존재한다. 부서의 업무를 정확하게 숙지하는 것은 기본이고 그 업무에 연관된 주민들을 이해하기 위한 기본공부도 해야 한다. '어떻게 하면 더 좋은 서비스를 제공할 것인가? 내가 제공한 서비스에 만족하는가? 문제해결을 위한 더 좋은 방법은 없을까?'를 생각하면서 말이다.

# 08_
## 나의 평판은
## 직속상관에게서 나온다

공무원 생활을 하면 좋은 점도 꽤 있다. 주민에 대해 끝도 없는 서비스를 제공해야 하고 세금 축내는 세금충으로 공격을 받고 기가 죽지만 밝은 면도 존재한다.

그중 하나가 정기적인 인사발령으로 부서 이동을 하는 것이다. 한 부서에서 근무하다 보면 업무스타일이 맞지 않거나 개인취향이 전혀 안 맞는 동료나 상사 때문에 출근하기가 싫을 때가 있다. 상사가 보고 한 건에도 닦달을 하고 나무라면 자존심이 바닥에 떨어지고 출근하기가 싫어진다. 게다가 옆에 같이 근무하는 직원은 일도 제대로 안 하면서 은근히 상사에게 잘 보이는 것을 보면 없던 애정이 더 없어진다. 그럴 때 어떻게 여기서 계속 일하나 걱정할 필요가 없다. 공무원은 순환 보직이 철저해서 더 있고 싶어도 때가 되면 발령장 받아 다른 부서로 떠나야 한다.

공무원은 통상 2년에 한 번 전보발령이 있다. 발령 전부터 직원들은 다들 자신이 어느 부서로 갈지 지대한 관심을 갖게 된다. 우선 승진하려면 좋은 평가를 받을 수 있고 라이벌이 없는 곳으로 가야 한다. 형식적으로는 문서로 신청을 받기에 나름대로 여러 개의 부서를 생각하고 신청을 한다. 승진 시기가 도래한 능력 있는 직원들은 연줄을 대서 가고 싶은 부서로 떠난다. 연줄을 대서 원하는 부서로 가는 것은 각자의 능력이다. 인간관계도 형성하고 정보를 수집하려면 평상시에 부지런해야 한다. 직원 개인의 능력과 인성에 대한 평판이 작용을 하기 때문에 평소에도 자기관리를 잘해야 한다.

부서의 부서장은 이때 민첩하게 정보를 수집한다. 자신이 데리고 일할 직원들을 확보하기 위해서 전력투구한다. 부서의 핵심 업무를 추진할 수 있는 능력 있고 긍정적으로 일하는 직원을 데려와야 부서에 있는 동안 발 뻗고 잘 수 있기 때문이다. 유능한 직원을 부서에 데리고 오는 것은 대외적으로 상당한 능력으로 인정된다. 핵심 직원만 있어도 어느 정도 성과가 나오기 때문이다. 그렇게 선발된 직원은 부서장의 손발이 되어 밤낮 없이, 주말 및 휴가도 반납하고 일한다. 그런 준비가 되고 성과를 내는 직원은 곧 승진을 한다.

몇 년 전에 아는 부서장에게서 핵심 업무를 맡길 직원을 추천해 달라는 의뢰를 받은 적이 있다. 2명의 후보자가 있었는데 나 혼자 결정할 사안이 아니었다. 그 자리는 성과를 제대로 내면 승진할 것이 확실한 자리였다. 2명의 후보자에 대한 객관적인 자료가 필요했다. 후보자가 근무하던 부서의 직속상사인 팀장들에게 사전 정보를 입수했다. A후보자와 B후보자는 선후배 관계로 서로 알고 지내던 사이였다.

A후보자는 후배였고 평소 성격이 사근사근하면서 상사에게도 잘하고 부서일도 열심히 일관성 있게 하는 직원이었다. 상사였던 팀장들의 평판이 대체로 좋았다. 추천을 의뢰한 부서장이 권위적이고 저돌적이어서 사근사근한 A후보자가 잘 맞을 것으로 보였다. 일을 잘하는 것은 기본이고 부서장과 성향이 맞아야 잘 지내기 때문이다.

B후보자는 A후보자의 선배였고 다음에는 자신이 승진할 것으로 생각하고 있었던 것 같았다. 그런데 전에 같이 근무하던 팀장이 한결같이 B후보자는 그곳에 가면 안 된다고 주장했다. 나는 조금 당황했다. 그 정도로 상사에게 제대로 대하지 않았을 것이라는 생각을 못 했기 때문이다. 같이 근무할 때 누가 팀장인지 알 수 없을 정도로 기본을 안 지키고 일도 제대로 안 했다고 했다. 같이 근무를 안 하는 사람들이 아무리 좋게 이야기해도 동고동락했던 상사가 손사래를 치면 추천할 수 없다. 나도 잘못하면 비난을 받기 때문이다. 게다가 B후보자와 같이 근무하는 동료에게 물어보니 일을 왜 안 하는지 모르겠다는 등 좋지 않은 이야기까지 했다. 결국 A후보자를 추천했다. 부서장도 A후보자를 최종 선택했다. 내 생각에는 부서장도 어느 정도 A후보자를 생각했던 것 같다. A후보자는 그 부서에서 열심히 일을 해서 부서장의 마음에 쏙 들게 되었다. 추천해준 사람들

의 위신도 세웠고 결국 승진을 했다. 사람들의 생각은 다 똑같다. 어디서든 일관성 있게 일하고 모시는 상사에 대해서 최선을 다해야 한다. 평가는 일 년 열두 달 계속된다. 남들이 안 보는 것 같아도 다들 속으로 평가하고 있다. 상사의 입소문을 무시하면 안 된다.

시장활성화팀에 근무했을 때 같이 일한 C주무관이 생각난다. C주무관은 휴직을 끝내고 복직한 직원이었다. 그에 대한 사전 지식은 없었다. 단지 성실한 직원이라는 인사평만 들었다. C주무관은 전통시장의 조형물 설치 업무, 디자인도로포장과 전통시장 고객센터 부지 매입 업무를 추진했다. C주무관이 맡은 업무는 디자인도로포장업무 외에는 청 내에서 아무도 해 본 적이 없는 생소한 업무였다. 디자인도로포장을 실시하기 전에는 도로 측량을 실시했는데 어찌나 열심히 하는지 건강이 걱정이 될 정도였다.

전통시장에 조형물 설치는 청 내에서 일을 해 본 직원이 없어서 타 구의 사례를 조사해야 했다. 그런데 이미 많은 타 구가 조형물 설치를 끝냈다. 새로 설치하는 구는 거의 없었다. 게다가 기피업무였기에 신참들이 업무를 하고 있었다. 그런 상황에서도 C주무관은 어렵게 참고자료를 구해서 일을 추진했다. C주무관은 일도 잘하면서 언제나 상냥하기까지 했다. 전에 같이 근무했던 팀장이나 직원들의 평을 들어 보니 최고의 직원이라고 했다.

새로 근무지가 바뀌게 되면 적응을 못하거나 새로운 면을 보게 되는데 C주무관은 일관성이 있었다. 새로운 일을 하면서 힘들 만도 한데 언제나 최선을 다하고 성과를 내니 사람들이 안 좋아할 수가 없었다. 게다가 같이 일하는 직원과 상사들을 우선 걱정해 주는 마음 씀씀이에 칭송이 자자했다.

국장님과 업무논의를 하면서 C주무관에 대해서 이야기할 기회가 있었다. 국장들은 부서의 업무가 순조롭게 잘되고 있는지, 어떤 직원이 일을 잘하는지 등 핵심 업무와 직원에 대해서 관심이 많다. 그때 나도 모르게 C주무관에 대해서 칭찬을 하게 되었다. 국장님은 C주무관에 대해서 전혀 알지 못했다. 처음 듣는 직원이라고 하면서 어떤 점이 장점이냐고 물어보셨다. C주무관은 처음 해 보는 생소한 업무임에도 알아서 척척 잘하고 성품도 좋다, 다른 직원들과도 잘 지낸다, 침이 마르게 칭찬을 했다.

국장님은 열심히 기억하고 한쪽에 적어 놓기까지 했다. C주무관은 한참 일을 추진할 때 아이를 갖게 되어 휴직을 하였고 예쁜 딸을 낳아서 잘 키우고 있다. 아마도 복직하면 부서장들이 서로 데리고 갈 직원 중 1순위가 될 것이다.

C주무관이 아이를 가질 때까지 대충 일하다가 나갔으면 어떻게 되었을까. 상사의 마음을 헤아리지 않고 불평불만만 했으면 어떻게 되었을까. 당장 몸과 마음은 편했겠지만 앞날을 보장해 주는 좋은 평판은 얻지 못했을 것이다. 나는 앞으로 같이

근무했던 C주무관을 계속 칭찬하고 다닐 것이다. 같은 부서에서 근무했던 직원들도 마찬가지일 것이다. C주무관은 성공을 위한 엄청난 인적 자원을 갖게 된 것이다.

　민선자치시대가 된 후 지방직은 한곳에서 오랫동안 근무를 한다. 본인이 전출요청을 해서 떠나지 않는 한 계속 근무하게 된다. 따라서 당신이 근무하는 부서의 상사가 가장 중요하다. 당신의 모든 평판은 알게 모르게 직속상관의 입소문에 달렸다. 상사는 당신이 조직 내에서 단단하게 발을 딛고 일어설 수 있도록 만들어 주는 가장 기본이 되는 토대이다. 상사는 당신을 밀어 주고 끌어 주는 좋은 멘토가 될 수 있다. 상사의 성공과 당신의 성공을 공유하고 상사를 당신의 성공을 위해 마음껏 활용하라. 이것을 기억하고 잊지 말아야 꿈을 이루고 성공할 수 있다.

상사에게 해바라기처럼 사랑을 갈구하고 돌아다닐 시간에 자신의 실력을 향상하고 당당한 태도를 가진다면 더 멋있게 성장할 수 있다. 자신의 몸과 마음을 건강하게 유지하면서 실력을 기르고 있으면 어떤 식으로든 인정받게 된다. 자신을 존중하지 않는 상사의 사랑과 관심을 유도하기 위해 시간을 허비하는 대신에 실력을 더 기르는 것이 자신의 공직생활에 많은 도움이 될 것이다.

# 5장

## 사랑받는 직원보다는
## 존중받는 직원이 되라

# 01_
# 사랑받는 직원보다는
# 존중받는 직원이 되라

        요새는 자존감에 대한 책이 많이 출판되고 있다. 그만큼 개인의 인권이 중요시되고 있는 풍토다. 공무원 사회도 직원인권에 대해서 많은 신경을 쓴다. 내가 근무하는 곳은 2014년부터 직원들을 챙기고 있다. 서울시에서 격무를 호소하면서 3명의 직원들이 자살한 뒤로는 더 그렇다. 고충을 호소하거나 업무적응을 제대로 하지 못하면 다른 부서로 옮겨 주는 등 조치를 취하고 있다. 예전에는 힘들다면서 다른 부서에 가겠다고 하기 어려운 환경이었다. 지금은 그 시절과는 너무나도 변한 세상이 왔다. 이런 좋은 환경에서 얼마든지 당당하게 나를 보호하며 일할 수 있으니 얼마나 좋은가?

        나는 1990년 5월 24일 근무 발령을 받았다. 발령을 받는 날 원래 영화를 보러 가기로 했었는데 취소하고 발령장을 받으러 가면서 기뻤던 기억이 생생하게 난다. 대학교에서 배운 전공을 적용하면서 생활이 어려운 사람들을 도울 수 있다는 기대감에 즐거운 마음으로 첫 출근을 했다. 나는 솔직히 사회복지직이 무슨 직종인지도 모르고 응시를 했다. 막연히 전문직인 줄 알았다. 알고 보니 전문직이 아니고 계약직 비슷한 별정직이었다. 같이 합격한 친구들 중에도 제대로 알고 응시한 사람이 없었다.

내가 발령을 받은 동주민센터는 15개구 중에서 가장 열악한 곳이었다. 법정지원이 되는 세대가 400세대가 넘었다. 모든 직원들이 기피하고 힘들어하는 동이었다.

같이 발령을 받은 동기는 선임에게 업무를 배우고 배려도 받고 있었으나, 나는 업무 초기부터 일도 제대로 배우지 못하고 자존감이 무너져서 근무했다. 신참이고 업무 파악을 못 했어도 전문가로 여겨졌기 때문인지 쉴 틈 없이 일을 했다. 그 당시 사회복지직 응시생은 모두 대학졸업자 출신이고 사회복지사 1급의 소유자들이었다. 내가 입사한 1990년에는 공무원 중에 대학교를 졸업한 사람들이 매우 드물었다. 비웃는 건지, 기대를 하는 건지 전문직이 왔다고 다 해 보라는 식이었다. 같이 입사했던 동기는 사직했다. 선배도 없고 업무를 배울 만한 직원이 없어서 정말 외로웠던 기억이 난다.


지금도 그렇지만 그 당시 사회복지 업무는 모든 행정직 직원들이 기피하는 업무였다. 이해하기 어렵지만 사무실을 청소하는 기간제 직원이 실질적인 업무를 거의 하고 있어 그 사람에게 업무를 배울 정도였다. 나의 사수는 가르쳐 주는 것이 거의 없었다. 나에게 일을 맡기고 어디론가 없어졌다가 퇴근할 무렵에 오는 일이 많았다. 나는 속으로 울면서 일하며 그 사수 같은 사람이 되지 말아야겠다는 생각을 굳게 했다. 그때가 나의 첫 사회생활이었다. 조금이라도 사회경험이 있었다면 그렇게 힘들게 시달리지는 않았을 것 같다. 나는 자존감 있게 근무했던 기억이 별로 없다. 조직 자체가 자기주장을 할 수 없는 환경이었기 때문이다. 나이가 들고 경력이 쌓이면서 나 자신에 대한 방어기제를 만들고 스스로 자존감을 세우면서 살 수 있었다.

요새 입사하는 직원들은 참으로 당당하게 자기의사 표현도 하고 부당한 대우를 받으면 대응도 잘하는 것 같다. 어떤 때는 당돌해 보이기도 하고 부럽기까지 하다. 함부로 부당한 지시를 내릴 수 없는 환경에서 근무를 한다. A주무관이 근무하는 부서의 중간관리자는 자신과 같은 팀이 아닌데도 옆 팀에서 근무하는 직원을 모함하고 험담하기를 잘하는 사람이었다. 그 관리자는 조직 내에서 막강한 인간관계망을 구축하고 있었다. 한번 마음에 안 들면 여기저기 다니면서 금방 안 좋은 소문을 냈다. 그 관리자의 마음에 드는 직원들은 관리자가 하라는 대로 무조건 하고, 자기주장을 내세우지 않는 직원이다. 그 관리자의 성격은 매우 강했고 내부인간관계망도 막강해서 A주무관의 상사는 지켜보고만 있어야 했다. 중간관리자는 여기저기 돌아다니면서 A주무관의 험담을 했다. 그래도 A주무관은 꿋꿋했고 그 관리자에게 잘 보이기 위해서 노력하거나 어떤 행동을 하지 않았다.

자신의 권리는 스스로 지켜야 한다. 개인적인 친분을 쌓아서 라인을 세우고 서로 챙겨 주는 것은 바람직하지 않다. 평소에 사이가 좋고 관계 형성이 잘될 때는 간을 내줄 것같이 지내지만 좋지 않은 상황일 때는 돌아서는 것이 현실이다. 진정으로 존중받는 직원으로 살아가는 사회생활을 하는 것이 자신의 공직생활에 도움이 된다.

B주무관은 입사 4년 차 직원이다. 전에 다른 직장에 근무한 경험이 없다. 나이는 어려도 당당하고 또래보다 더 대우를 받는다. 우선은 자신이 맡은 일은 기본으로 잘한다. 또래 직원이나 선배들이 잘 못하는 사무능력에도 출중해서 일이 주어지면 척척 해내는 것이 신기할 정도였다. 나아가서 업무에 관련된 지식을 더 많이 수집하고 숙지한다. 한 가지 업무를 지시하면 빠른 시간 내에 마치고 보고를 한다. 자신이 맡은 일이 끝나면 다른 직원들의 일까지 협조해 주기도 한다. 보통 직원들은 자신의 일이 아니면 다른 사람들에게 참견을 하거나 어떤 협조를 하는 일이 드물다. 어차피 자신의 일도 아니고 더 한다고 달라지는 게 없다는 태도가 일반적이다. 그런 직원들 틈에서 B주무관의 행동은 눈에 띄게 마련이다. 게다가 사람들에게 호감이 가게 말도 아주 상냥하게 했다. B주무관은 모든 상사들이 호감을 느끼고 좋아했다. 다른 부서에 가서도 상사들과 잘 지냈고 일을 잘하는 직원, 똑똑한 직원, 그 직원이라면 어떤 일도 척척

해낼 직원이라는 평을 받았다. 그런데 같이 일하던 팀장은 B주무관을 몹시 싫어하고 험담을 하고 다녔다. 단지 자신보다 예쁘고 젊어서 그렇다는 말도 안 되는 이유였다. 나는 이해하기가 어려웠다.

　그 상사는 월등한 업무능력이 있거나 리더십이 있는 상사가 아니었다. 오랜 근무경력으로 개인적인 인간관계망을 형성했고 그럭저럭 자기가 맡은 일을 하는 상사였다. 또래 직원 같으면 고충을 호소하고 대응했을 것이다. 그래도 그 직원은 끝까지 상사와 좋은 관계를 유지하면서 다른 부서로 이동했다. 자신의 상사에 대한 험담을 할 만했는데 어떤 험담도 하지 않았다. 물론 B주무관을 험담하는 그 상사가 조직 내에서 인간관계망이 더 세고 활발하기 때문에 손해를 보지 않기 위해서였을 수도 있다. 그러나 사람들은 B주무관의 업무능력과 태도를 높이 평가했고 B주무관을 험담하는 그 상사의 업무능력은 인정하지 않았다. 아무리 그 상사가 직원을 험담하고 평가절하해도 믿는 사람은 없었다. 상사에 대한 개인적인 관계망을 형성하기 전에 이미 인정받고 대우를 받을 수 있는 기반이 조성된 것이다. 얼마나 당당한 태도인가?

　상사에게 해바라기처럼 사랑을 갈구하고 돌아다닐 시간에 자신의 실력을 향상하고 당당한 태도를 가진다면 더 멋있게 성장할 수 있다. 자신의 몸과 마음을 건강하게 유지하면서 실력을 기르고 있으면 어떤 식으로든 인정받게 된다. 자신을 존중하지 않는 상사의 사랑과 관심을 유도하기 위해 시간을 허비하는 대신에 실력을 더 기르는 것이 자신의 공직생활에 많은 도움이 될 것이다.

# 02_
# 자존감을 지키면서 일하라

공무원 생활을 오래 하다 보면 자존감이 많이 낮아진다. 처음 입사하면 오랫동안 공부한 후에 합격한 기쁨에 활기차게 지낸다. 그 어려운 시험을 합격했으니 가족들의 축하가 즐비하고 부푼 마음을 가지고 출근하게 된다. 그러나 해가 거듭할수록 공무원의 역할이 생각보다 제한적이고 사람들이 엄한 잣대를 대는 직업이라는 것을 알게 된다. 또한 자신의 역량을 발휘하기 어려운 환경이라는 것을 알게 되면서 많은 직원들이 갈등을 느낀다.

내가 근무하는 곳은 노량진이다. 노량진역 주변에는 공무원 고시학원과 고시원이 즐비하다. 어떤 때는 저 많은 공시생들은 공무원 조직에 대해서 어느 정도 알고서 공부를 하는 것일까 하는 생각을 해 본다. 당신은 입사해서 잘 근무하고 있으니까 그런 배부른 소리를 한다고 할 수 있다. 내가 처음 입사할 때는 지금처럼 공무원 시험 열풍이 없었다. 대부분 고등학교를 졸업한 사람들이 많았고 대학교를 졸업한 사람들은 대체로 무관심했다. 최근 경제가 어려워지면서 전국적으로 공무원 시험 열풍이 일어나고 있고 많은 사람들이 수년 동안 시험공부를 하고 있다. 공직이 적성에 맞고 평생직장으로 다니고 싶으면 수년을 공부해서 입사할 가치는 있다. 그런 결심을 하기 전에 신중한 고민을 하고, 일단 다니기로 했으면 자신을 단단하게 지키면서 일할 수 있어야 한다.

공무원 사회는 실적과 능력이 명확하게 수치화가 되지 못하는 한계가 있다. 어려운 민원 해결이나 사업 추진에 따른 적정한 보상이 약하다. 공무원들의 유일한 희망은 보직인사와 승진이고 이변이 없는 한 그것은 대부분 연공서열에 의해서 이루어진다. 이렇다 보니 열심히 일하는 사람도 몇 년 지나면 현실을 직시하고 의욕과 사기가 떨어지는 경험을 자주 하게 된다. 공직사회의 무사안일한 풍조가 생기는 중요한 요인이다.

업무능력이나 실적의 판단 기준이 분명하지 않고 업무성과에 관계없이 직급, 호봉이 같다. 업무를 남보다 특별하게 잘하든 못하든 보수가 똑같다. 이런 시스템은 생각보다 사람의 능력을 저하시킨다. 이럴 때 자신의 의욕과 열정을 알아주지 못하는 조직에 대해 서운함이 생기면 점점 실망하게 된다. 열정적이고 성과지향적인 직원의 경우 어렵게 입사한 공직생활을 계속할 것인가에 대한 회의마저 느낀다. 또한 업무수행을 잘한 부분에 대한 평가는 약한 반면 사업이나 정책의 집행과정상 일어나는 실수에 대한 평가는 가혹할 정도다. 그리고 사업 종료 후의 잘못에 대한 부정적인 평가는 매우 크고 오래간다.

처음부터 공직생활에 대한 마음가짐을 확립해서 이러한 현상을 예방해야 한다. 그 마음자세의 핵심은 업무성취에 대해서 보람을 찾고 자존감을 세우는 것이다. 공무원은 주민의 복지와 안전을 위해 일한다. 이는 사익을 추구하는 민간인과는 명확하게 다른 활동이다. 나의 돈을 들이지 않고 누군가를 도울 수 있고 지역사회의 발전을 이끌어 가는 주체로서 활동한다는 것은 매우 보람 있는 일이다.

자신이 한 일이 지역사회의 소중한 자원과 자산이 되고 또 그것을 이용하는 사람들이 있다는 것은 행복한 일이다. 더구나 그 일을 자신이 함으로써 많은 주민에게 혜택이 돌아갔다는 것을 느낀다면 더욱 그렇다. 이러한 생각을 통해 자신의 역할이 소중하다는 것을 알게 되고 스스로를 사랑하게 될 것이다.

이처럼 공무원은 직업에 대한 자존감을 바탕으로 자신이 하는 일에 스스로 보람을 찾겠다는 마음을 갖추어야 한다. 조직 내에서 바닥까지 떨어진 자존감 회복에 대한 교육이나 프로그램은 없다. 주어진 일을 잘 완수하고 특정한 사업에 대한 성과만 잘 만들어 내면 끝이다. 스스로 발휘하는 의욕과 열정이 슬럼프와 서운함을 극복하게 해 주고 공직생활을 꾸준히 건강하게 지속할 수 있는 가장 큰 원동력이 된다.

전에 개인적인 문제로 고소를 한 적이 있다. 앞으로 나 같은 피해자가 발생하지 않기를 바라는 마음에서였다. 상대방은 내가 단지 공무원이라는 이유로 나하고 전혀 관계가 없는 일을 가지고 나를 협박하고 괴롭혔다. 전화번호를 어떻게 알았는지 밤낮으로 협박성 메시지를 보내고 사무실로 전화를 하는 등 몇 달 동안 시달렸다. 아무리 전후사정을 설명하고 중단할 것을 요청해도 소용이 없었다. 서울시에 민원을 접수하겠다, 공무원으로 그럴 수 있느냐 등 기가 막힌 문자도 보내는 등 일상생활을 할 수 없을 정도였다. 괴롭힘을 당하면서 너무 힘들었다. 공무원이 아니었으면 당하지 않을 일을 공무원이라서 당하는 셈이었다.

나는 법무사들의 상담을 거쳐서 경찰서에 고소장을 접수했다. '공무집행방해와 개인정보보호법 위반'으로 접수를 했다. 나와 상대방은 경찰조사를 받았다. 내가 접수한 안건은 검찰에 기소되었고 법원에 출두하여 증인으로 답변을 했다. 상대방은 사안이 중대하다고 생각했는지 변호사를 대동하고 나타났다. 나는 판사 앞에서 피해자로서 증언을 했다. 판사에게 나름대로 자긍심으로 지내 온 공직생활을 모욕당했고 인권을 가진 개인으로서 상처를 많이 받았다는 점을 강조했다. 현재 조사결과를 기다리고 있다. 나를 협박한 사람은 기존의 공무원은 만만하고 다루기 쉬운 존재로 알고 있었다. 아마도 내가 감히 고소를 할 것으로 생각하지 못했을 것이다. 대부분의 사람들이 그런 생각을 하는 것 같다. 공무원은 공적활동을 하는 사람일 뿐인데 사적인 부분에까지 확대해서 판단을 받는 일이 비일비재하다. 그런 일이 발생하면 참고 마는 경우가 많다. 시간을 들이면서 처리하기도 귀찮고 문제가 확대될 것으로 생각해서 권리 행사를 안 한다.

최근에는 네이버의 모 카페에서 회원으로 활동하면서 다이어리를 구매한 적이 있다. 카페매니저와는 어느 정도 친분이 있었다. 카페매니저는 네이버에 유명인사로 등재되어 있을 정도로 인지도가 있는 사람이었다. 그 카페매니저는 내가 공무원인 것을 알고 있었다. 다이어리를 구매하면 사은품을 증정하는 행사였는데, 나는 사은품이 필요해서 다이어리를 구매했다. 사은품을 주고받는 과정에서 다툼이 있었다. 그는 내가 공무원이면서 갑질을 한다, 사회복지 공무원은 다 그러냐, 두고 보지 않겠다는 등의 답을 보냈다. 난 갑질을 한 적이 없고 물품 반환을 요청했을 뿐이었다. 매사가 그런 식이다. 나는 단지 물건을 구매한 소비자로서 정당한 권리주장을 했을 뿐이다. 사적 행동을 한 것인데 사람들은 대부분 불리하면 공무원이라는 직업을 걸고넘어지면서 공적인 행동으로 판단한다. 공무원의 자존심을 건드리면서 대응한다. 이렇게 공무원은 사적 경제활동에서도 어떤 다툼이 발생하면 다 죄인이 되고 모욕을 당한다. 전 같으면 이런 일에 쉽게 위축되었을 것이다. 지금은 정당하지 않은 이유로 나의 자존심을 다치지 않기로 했다.

예전에는 내가 아무리 잘했어도 참고 견디었어야 했다. 나는 공무원이기 전에 인권이 있는 존재다. 대우받을 권리가 있고 가치가 있는 존재다. 공무원이라는 죄로 무조건 참고 견뎌야 하는 것은 아니다. 자신의 자존감을 지키면서 당당하게 살아갈 자격이 있고 그 권리를 주장해야 한다. 공무원이 행복해야 공무원의 서비스를 받는 주민도 행복하게 살 수 있다.

# 03_
# 아무 일도 안 하면
# 아무 일도 일어나지 않는다

　　공무원이 하는 일은 대체로 반복적인 업무다. 연
단위, 반기별, 분기별, 월별로 주기적 업무가 대부분이라 하는
일이 민간 기업에 비하면 단조롭다. 자신이 맡은 업무를 잘 숙
지해서 부지런하고 성실하게 일만 잘하면 무난하고 평범한 직
원으로 평가된다.

　해마다 10월이면 자치구에서는 다음 연도 연간계획을 세운
다. 연간계획은 서울시 연간계획을 기반으로 공약사업, 전략
사업을 추가하여 세운다. 선출직 공무원인 단체장의 공약사업
은 당연히 포함한다. 부서별로 검토를 거쳐 단체장까지 검토가
완결된 후 예산에 반영한다. 예산반영 계획이 끝나고 구의회의
의결을 통과하면 다음 해에 시행이 결정된다. 공무원은 일상적
으로 반복되는 고유 업무와 연간계획에 있는 사업을 시행하게
된다. 고유 업무는 반드시 해야 하는 업무가 주종이다.

　전에는 공무원이 고유 업무만 무난히 잘하면 되었다. 형식적

으로 특수사업이 양념으로 있을 뿐 일상적인 업무만 해도 중간은 갔다. 예산이 수반되거나 특이한 사업은 제안을 할 생각을 못 했고 반영도 안 되었다. 일을 열심히 해 봤자 징계처분이나 늘어난다는 분위기가 주도적이었다.

지금은 환경이 많이 바뀌어서 연간사업을 공격적으로 하는 편이다. 부서별로 일상 업무 외에 특별한 시책사업을 만들어 내야 한다. 예전처럼 수동적인 마인드로 일을 하다 보면 뒤떨어지게 된다. 역으로 생각하면 지금은 좋은 콘텐츠가 있으면 적극 반영할 수 있는 좋은 환경에서 근무하고 있다.


나는 공공복지서비스를 지원하는 일선현장에서 노인들을 대상으로 많은 상담을 했다. 나이 들어서 일을 하고 싶고, 돈도 벌고 싶어 하는 노인들을 많이 만났다. 노인들은 길어진 노후 기간 동안 하루하루 사는 것에 자존감이 저하되고 힘들어한다. 경제적으로 어려움을 겪고 노후를 무료하게 사는 것이 안타까웠다.

후원자들은 노인들을 도와주는 것에 상당히 인색하다. 생활이 어려운 고령자를 후원대상자로 추천하면 대부분 거절했다. 많은 후원자들이 소년소녀가장이나 학령기에 있는 청소년을 도와주기를 원한다. 노인들의 어려운 상황은 개인문제로 결론짓고 도와주기를 꺼리는 것이다. 나도 신입시절에는 고령자들이 젊었을 때 제대로 일을 안 하고 게을러서 나이 들어서 못산다고 생각했었다. 그런데 현실은 그렇지 않았다. 노인빈곤은 청년빈곤에서 세습되는 경우가 많고 평온하게 살던 중 질병이나 사업실패로 빈곤의 나락으로 떨어지는 경우가 많다.

그리고 경제적으로 일상생활이 가능한 노인들도 대부분 일을 통해서 자아실현을 하고 싶어 하신다. 그래서 나는 이런 노인들을 위한 일자리 마련에 대해서 많은 생각을 했었다.

2014년 6월에 민선6기가 되면서 이창우 구청장님이 어르신 일자리창출과 인생이모작센터 건립 공약을 발표하였다. 현재는 동작50플러스센터로 명칭이 바뀌었다. 공약사업 추진을 위해 송파구를 벤치마킹하던 중 노인 일자리 창출을 위한 아이템을 발견하였다. 송파구에서 네이버와 협약하여 노인들에게 일자리를 제공하고 있었다. 네이버에 올라오는 글을 상시 검색해서 유해정보를 삭제하고 개인정보를 보호하는 업무를 일자리로 만들어서 노인들에게 제공하고 있었다. 전에 성남시에서 시범사업을 했는데, 성과가 좋아서 사업이 확대되었다고 한다. 송파구 시니어클럽센터의 노인들이 80세 나이에도 열심히 일하시는 광경이 무척 인상적이었다. 노인들은 오전 10시에 출근해서 오후 1시에 퇴근했다. 퇴근하면 같은 일을 하는 노인들과 점심식사를 하고 취미생활을 하였다. 힘든 일을 할 수 없는 노인에게 적합한 노동량이었다. 주로 하는 일은 네이버에서 제공하는 자료 중 자동차번호판이나 개인들의 얼굴에 모자이크 처리를 하는 단순작업이었다. 1년 단위로 채용되고 가끔은 회식도 시켜 주었다. 채용되려면 무조건 시험을 봐야 했고, 시험에 떨어진 노인들은 계속 응시할 정도로 인기가 많은 일자리였다. 노인들은 시간제이고 임시직이지만 네이버에 다니고 있다는 자부심이 대단했다. 네이버에서 기업의 사회적 인식 개선 차원에서 시작했지만 효과가 커서 사업을 확대한다고 했다. 은평구에서는 네이버와 적극적인 협약을 통해서 네이버 측의 예산으로 은평구청 앞에 사무실을 개장했고 많은 노인들을 채용했다. 네이버에서는 〈에버영코리아〉라는 회사를 차려서 직접 사업을 운영했다. 입소문이 나서 타 구에 거주하는 노인들까지 응시해서 경쟁률이 높았다. 나는 사업 성사를 위해서 개업식에 참석하여 고사용 돼지머리에 돈도 물려 주고 왔다. 초면인 은평구 담당팀장에게 돈까지 빌려서 고사행사장까지 다녀온 것이다. 우리 구에도 사업을 실시하면 노인들이 정말 좋아할 것이라는 생각으로 꼭 성사시키고 싶었다.

우리 구에 사업을 유치하기 위해 사업계획서를 만들어서 네이버의 총괄책임자 이 부장을 만났다. 이 부장은 공무원에 대해서 상당히 부정적이었다. 공무원은 처음에는 잘해 줄 것같이 하다가도 본궤도에 이르면 이유를 대면서 사업추진이 안 된다고 부정적으로 이야기를 했다. 이 부장은 '이 사업을 하려는 이유는 무엇인가? 당신네 자치구에서는 어떤 일을 해 줄 것인가?' 등에 대해서 구체적으로 질문을 했다. 나는 우리 구의 노인들에게 좋은 일자리를 마련해 주고 싶은 생각뿐이라고 말했다. 오랫동안 사회복지일을 하면서 노인들의 일자리에 대한 열망을 느끼며 그들에게 도움이 되는 방법을 많이 생각해 왔다고 했다.

그는 추진계획서를 본사에 제출하겠다고 했고 결과를 기다렸다. 12월에 결과가 발표되었다. 네이버에서 사업성이 좋은 것으로 판명되어 직접 추진하겠다고 결정했다. 자치구와 사업을 하면서 신경 쓰고 힘들게 하느니 자회사 사업으로 도맡기로 한 것이다. 네이버 측에서는 저임금으로 편하게 일을 시킬 수 있으니 이득이었을 것이다. 당시에 사업이 종결된 것에 매우 아쉬워했던 기억이 생생하다. 내가 근무하는 곳은 지역적 특성상 노인인구가 많고 노인들의 교육수준이 높아서 시행이 되면 인기가 많을 사업이었다.

그 당시 여러 자치구를 다니면서 일선 공무원들의 열정적인 일처리를 보면서 많은 감명을 받았고, 네이버라는 민간기업과의 협상과정에서 많은 것을 배웠다. 기업은 역시 사업마인드가 공직자와는 남다르다는 것을 많이 느꼈다. 처음에는 공익사업을 하더니 나중에는 이익이 나니까 자체사업으로 추진하는 것도 역시 기업답다는 생각을 했다. 해당 자치구 공무원들은 지역 주민을 위하여 열심히 일하고 있어서 감명 깊었다.

공무원으로 일을 하다 보면 민간기업이나 일반 주민과 달리 조직과 국가를 위한 꿈을 꿀 수 있는 기회를 가질 수 있다. 과거보다 더 기회가 많아진 것 같다. 사회가 많이 변한 것이다. 언제든지 자신의 아이디어를 구체화시키고 변화시키는 데 참여하거나 직접 집행할 수 있다. 현재 있는 부서에서 불가능하면 다른 부서로 자원해서 근무할 수 있다. 지금은 인사팀에서도 발령 전에 희망부서를 신청을 받고 최대한 반영하려고 한다.

꿈을 가진 사람은 그렇지 않은 사람에 비해 긍정적이고 행복하다. 이는 목표와 희망이 있기 때문이다. 꿈을 구체화시켜 나가는 과정에서 실패와 좌절도 있겠지만 다양한 에너지가 생기고 희열과 보람을 얻는다. 어렵고 힘들어 보인다고 꿈을 꾸지 않는 것은 개인과 조직 모두에게 불행한 일이다. 지역사회를 위해서 어떤 일을 할 수 있을까에 대한 꿈을 꾸고 실천해 보자.

공직생활을 하는 동안 늘 자신이 몸담고 있는 지역과 업무에 대해 현장감각과 문제의식을 가지고 있어야 한다. 지역사회를 어떻게 개선하고 긍정적으로 변화시켜 나갈 것인지에 대해 꿈을 꿔 보자.

# 04_
## 현재 있는 곳에서
## 나만의 역량을 계발하라

　지방자치단체 업무는 종합행정이다. 지방공무원은 어느 한 부서에서 계속 근무하지 않는다. 동주민센터에 발령을 받았다고 평생 동 직원이 되는 것도 아니다. 한 부서에 2년 정도 근무하면 다른 부서로 배치되는 순환 근무 체제이다. 직원들이 대부분 가고 싶어 하는 총무과도 연수가 되면 다른 부서로 가야 한다.

　현재 내가 있는 곳에서 어떻게 하면 더 잘할 수 있을까, 무엇을 배우고 떠날 것인가를 생각하라. 솔직히 말하면 공무원은 현재 맡은 일만 잘하면 중간은 간다. 부서장에 따라서 새로운 일을 만들고 싶어 하지 않을 수도 있다. 곧 다른 곳으로 떠날 생각을 하거나 퇴직을 앞둔 부서장은 직원들이 새롭고 손이 많이 가는 일을 만드는 것을 싫어하는 경우도 있다. 자신이 하고 싶은 일이 있다고 무조건 벌이면 어려운 상황에 처한다. 잘못하면 일만 벌이고 다닌다는 구설수에 오를 수 있다. 사안에 따라서는 감사 대상이 되어 포상은커녕 징계를 받는 경우가 발생한다. 그러나 현재 처한 상황과 업무의 연관성을 살펴보고 경험을 쌓는다는 생각을 가지고 대처하면 더 크게 성장할 수 있다.

　나는 시장활성화팀에서 근무할 때 전통시장 상인들, 컨설팅 전문가, 중소기업청과 같이 일하는 방법을 배웠다. 또한 상가 건물을 매입하는 방법, 조형물 건립 절차 등도 배웠다. 용역업체가 부도났을 때의 대처방법까지 배웠다. 산전수전을 겪고 나자 앞으로 비슷한 업무도 잘할 수 있겠다는 자신감을 가지게 되었다. 전통시장 활성화 사업을 공약사업으로 선정하고 나를 시장활성화팀에 보내주신 이창우 구청장님이 없었다면 사회복지직으로서 이런 업무를 배울 수 없었을 것이다. 원래 내가 하고 있던 사회복지직 업무만 했다면 배울 수 없는 경험과 지식을 얻은 것이다. 비록 근무할 당시에는 힘들어서 울면서까지 일을 했지만 나에게는 엄청난 자원이 되었다. 국무총리상급인 모범공무원 표창을 받는 명예도 얻었다.

　나는 사회복지직이라는 편견을 없애고 빠르게 업무를 숙지하고자 업무와 관련된 책을 찾아서 읽고 또 읽었다. 옆에 같이 근무하는 팀장은 자신이 맡은 업무에 대한 책을 기본으로 읽었고 소논문까지 읽고 있었다. 나도 네이버에서 관련 자료를 모두 검색해서 자료를 모았다. 부서장인 민영기 과장님이 읽고 있는 책까지 참고해서 읽었다. 그 당시 일자리경제담당관은 업무 틈틈이 공부하면서 일하는 분위기였다. 부서장의 철학과 부서분위기가 중요하다는 것을 실감했다.

전통시장 활성화 업무를 하면서 시장활성화 전문가들을 많이 만났다. 여러 시장을 컨설팅하는 전문가들을 만나서 많은 노하우를 배웠다. 그분들은 열정 가득하고 끈질기게 노력하는 전문가들이었다. 우리 구는 서울의 25개 자치구 중에서 뒤늦게 전통시장을 한꺼번에 등록하고 공모사업에 전력 질주하고 있었다. 그렇다고 잘하고 있다는 격려는 거의 없었다. 오히려 일만 벌여 놓고 수습을 못 한다는 질시만 받고 있었다. 아무 일도 안 하면 좋을 텐데 설치고 다닌다는 뜻이었을 것이다. 컨설팅 전문가들은 우리 부서의 노력에 박수를 보내 줬다. 그리고 공무원들이 다들 어려워하고 기피하는 업무를 열심히 하는 모습에 감동했다는 말도 했다. 나야 발령장을 받고 당연히 하는 일이지만 같은 직장 식구들도 안 하는 칭찬을 외부 민간인에게 들을 때는 기분이 은근히 좋았다

남성사계시장 경영현대화사업의 일환인 '골목형시장 육성사업'을 통해서는 VMD업계의 선구자인 이랑주 이사와 정은정 부장을 알게 되었다. 이랑주 이사는 책도 썼고 전통시장 컨설팅업계에서는 독보적인 존재였다. 전통시장 활성화에 대한 열정과 의지에 많은 감명을 받았다. 이랑주 이사는 용역업체의 외부 이사로 있다가 회사가 파산되면서 많은 오해를 받았다. 알

고 보면 같은 피해자인데 외부에서 보기에는 가해자처럼 알려져서 힘들어했다. 이랑주 이사가 그 용역업체에서 일하던 정은정 부장을 소개해 줘서 같이 일하게 되었고 남성사계시장 용역업무를 잘 마무리할 수 있었다.

정은정 부장과는 용역업체의 파산 이후 시장사업을 직접 하면서 많은 의지를 했고 관련 지식을 많이 배웠다. 공무원들이 행사를 추진하다 보면 경험과 지식의 한계로 용역업체보다 수준이 낮은 경우가 있다. 정은정 부장은 전통시장 디자인계의 전문가였다. 업무지식뿐 아니라 열정이 대단했다. 나는 정은정 부장에게 업무를 믿고 맡겼다. 창의성을 발휘해서 해 달라고 부탁했고 사업을 멋지게 마무리했다. 그 뒤로 남성사계시장은 골목형시장 육성사업과 고객센터 부지 확보로 한 단계 높은 사업인 '문화관광형사업'에 선정되었다. 정은정 부장 역시 페이스북 친구로 지내고 있고 가끔씩 올라오는 여러 사업의 성과를 보면서 안목도 넓히고 동기부여를 받고 있다.

시장활성화팀에서 일하면서 가장 감명 깊었던 일은 남성사계시장의 이재열 회장님의 일에 대한 열정이었다. 이재열 회장님은 남성사계시장에서 40년 동안 금은방인 순금당을 운영하고 계신다. 오랫동안 시장 내에서 친목회를 운영해 왔고 지난 민선 정부에서 시장을 전통시장으로 등록하고 싶어 했으나 제대로 안 되었다고 하셨다. 민선6기가 되는 2014년 7월부터 시장활성화팀이 생긴 후 2014년 11월에 전통시장등록이 되자 너무 기쁘셨다고 한다. 그 뒤로 모든 자원과 역량이 남성사계시장에 집중되어 일사천리로 진행되고 있고 이재열 회장님도 하루 24시간이 모자랄 정도로 바쁘시게 되었다. 우리 구에는 총 6개의 전통시장이 등록되어 있다. 이재열 회장님은 전통시장의 맏형님으로서 역할을 잘 하셨다.

전통시장업무를 하다 보면 추진력 있고 열정이 넘치는 상인들을 많이 만난다. 공무원들이 따라가기 힘들 정도로 열정이 넘치고 생존력 있는 상인들을 대하면서 많은 자극을 받았다. 특히 우리 구의 전통시장을 이끄는 상인 회장님들은 대단한 리더십의 소유자들이었다. 열정적인 상인들 틈에서 이재열 회장님은 전통시장계의 거목이셨다. 회장님은 24시간 내내 남성사계시장을 생각하신다고 하셨다. 어떨 때는 꿈에서도 생각을 하신다고 하니 대단한 열정의 소유자였다. 이재열 회장님은 전통시장 활성화에 대한 아이디어도 많이 만들어내셨다. 거의 전문가 수준이어서 관련업계와 일할 때도 전혀 밀리지 않으셨다. 또한 다른 시장의 회장님들이 관에서 수용할 수 없는 요구를 하거나 우리 팀원들에게 닦달을 하면 중재하면서 편을 많이 들어 주셨다. 그렇게 나는 시장활성화팀에서 일하면서 열정으로 똘똘 뭉친 사람들을 만나서 많은 자극을 받았고 세상에는 멋진 사람들이 많다는 것을 알게 되었다.

현재 근무하고 있는 곳에 만족하지 않을 수 있다. 자신의 형편과 취향에 맞는 부서는 그렇게 많지 않다. 내가 근무하고 싶어 하는 부서는 다른 사람들도 가고 싶어 하기 때문이다. 다른 부서에 가고 싶다는 생각은 일단 접어라. 하루하루를 무의미하게 보내지 마라. 업무와 연관하여 무엇을 배울 것인가를 연구하는 것이 자신의 공직생활에 도움이 될 것이다. 현 부서에서 공무원과 함께 일하는 주민이나 전문가들에게 배울 점들을 찾아서 나의 역량을 계발하라. 현재 상황에서 성장하는 나의 모습이 미래의 나로 완성되기 때문이다.

# 05_
## 직무 역량 계발로
## 미래를 설계하라

　　예전에는 퇴근시간이 되어도 일찍 퇴근할 수 없었다. 퇴근 후에 다시 부서장이나 팀장들과 저녁회식이 시작되었다. 나이 든 남자 부서장이나 팀장들은 저녁을 직장에서 해결하고 가는 경우가 많았다. 평생 저녁밥을 집에서 제대로 먹은 적이 없고 나이 들어서 새삼스럽게 집에 일찍 가 저녁밥 먹는 것이 익숙하지 않은 탓이다. 부서장이나 팀장의 저녁 식사자리에 참석하지 않으면 조직에서 따돌림을 당하기도 했다. 그러나 이제는 부서장도 직원들에게 스트레스를 줄까 봐 퇴근시간이 되면 소리 없이 사라지는 것이 미덕이 되었다. 나도 퇴근시간이 되면 직원들이 눈치를 안 보도록 하고 있다. 이제는 부서장이나 팀장 눈치를 보는 직원은 거의 없다. 이렇게 좋은 근무 환경이 올 줄은 상상도 못했다. 이런 좋은 환경에서 일하는 젊은 직원들이 앞으로 퇴근 후 2시간 동안 꾸준히 역량계발을 하면 직무역량 수준도 많이 올라갈 것이다.

일이 많은 부서에서 근무할 경우 퇴근 후에 잔무를 해야 하지만 퇴근 후 잔무가 없고 자유로운 부서에 근무하는 경우엔 자기 계발을 위해 꾸준히 시간투자를 할 수 있다. 직원들이 여유시간에 뭔가를 공부하는 것 같아서 살펴본 적이 있는데 다들 ○○학습지를 공부하고 있었다. 공부하는 이유를 물어보니 업무를 하다 보니 지루하고 소진되는 것 같아서 학습지로 공부를 한다고 했다.

나는 그런 학습지보다는 나중에 다른 부서에 갈 때를 대비해서 보고서 작성 기법을 공부하는 것이 어떠냐고 제안을 했다. 언젠가는 다른 부서로 갈 것이고 사업부서에 가면 당장 보고서를 만들어야 할 때가 있다. 보고서 작성은 단시간 내에 완성되지 않는다. 많이 생각해 보고, 많이 만들어 봐야 한다. 보고서 작성을 잘 기술해 놓은 완성도 높은 책을 보고 연습을 해 봐야 한다. 요새는 직원들의 보고서를 오픈해 놓아서 원할 때 얼마든지 좋은 보고서를 다운받아 공부할 수 있다. 예전에는 잘된 보고서를 보고 싶어도 보기 어려웠다. 발령이 날 때마다 usb에 담아서 가지고 다녔다. 더 배우고 싶으면 잘하는 직원을 별도로 찾아다니면서 공부를 했다. 다들 밥 사 주고 차 사 주면서 배우러 다녔다. 그것도 나이가 들면 배우러 다니기도 창피했다. 지금은 얼마나 좋은 환경인가?

지금은 사회복지통합전산망으로 장애인등록정보를 전출입 동 간에 교류하고 있지만 내가 1997년 장애인이 많은 동주민센터에 근무했을 때는 장애인등록명부 정리가 안 되어 있어서 고생을 많이 했다. 나는 업무 개선을 위해서 바쁜 가운데도 서울시 인재개발원으로 일주일 동안 엑셀을 공부하러 갔었다. 지금은 모든 공무원들이 엑셀을 사용하지만 그 당시에는 엑셀을 아는 직원이 거의 없었다. 나는 절실한 마음에 엑셀을 배웠고 업무처리에 유용하게 사용했다. 교육이 끝나고 오후에 사무실에 다시 와서 급한 잔무를 처리했다. 복지업무를 혼자 했고 처리과정이 복잡해서 교육을 받는 동안 일을 대신 해 줄 직원이 없었다. 그렇게 고생을 했으나 엑셀을 배워서 활용한 이후로는 민원발생이 없었고 일을 효율적으로 처리할 수 있었다. 직무관련 교육은 끊임없이 이수해서 활용해야 한다는 것을 절실히 체험했다. 직장에서 제공되는 직무관련 교육은 일하는 틈틈이 배우고 익혀야 한다. 사소한 한 가지 기술이라도 잘하면 그 직원부터 찾고 발탁하는 경우가 많다. 개중에는 업무가 늘어나고 힘든 부서로 가게 될까 봐 자신의 역량을 숨기는 직원이 있다. 그러면 그 직원은 결국은 조직에서 잊히고 도태되고 만다.

　직원들 중에는 입사 후 책을 한 권도 안 읽는다는 직원이 있어서 놀란 적이 있다. 알고 보니 그 직원만 그런 것이 아니었다. 내가 다니는 직장에는 인근에 시립도서관이 있다. 도서관 대출 카드가 있냐고 물어봤더니 한 명도 없다고 했다. 나는 어떤 주제에 관심이 있으면 우선 도서관에서 관련 책을 검색해서 읽어 본다. 직무와 관련된 책도 우선은 도서관에서 찾아본다. 노인일자리팀에 있을 때는 노인빈곤, 노후관련 도서를 읽었고,

시장활성화팀에서는 전통시장, 영업 관련 책까지 찾아서 읽었다. 자신이 몇 년간 근무하고 관련자들을 만나는 부서에서 관련 책 한 권 읽지 않는다는 것을 어떻게 생각해야 할까? 당연한 세태로 받아들여야 하나 보다. 하기는 부서장 중에도 부서업무 관련 책을 읽는 사람을 거의 보지 못했다. 부서에는 부서장 옆에 캐비닛만 한 책꽂이가 있는데 그동안 어떤 부서에 가봐도 부서에 관련된 책이 있는 곳이 없었다. 새로 전입하는 직원을 위해서 업무 개론책, 관련 책을 소장하면 돌려 가면서 볼텐데 수십 년간 근무했어도 그런 부서가 없었다.

최근 구 정책수행에 관련된 책들이 부서에 배부되었다. 평소에 책을 많이 읽는 나부터 우선 읽으려고 가져왔다. 대부분 책읽기를 꺼려하는 것 같다. 공무원 업무가 성과 지향적이 아니고 현상 유지적 성격이기 때문이기도 할 것이다. 연중 반복적인 업무가 많으므로 전임자가 하던 대로 현재 하는 일만 잘하면 유지되는 것도 한몫하는 것 같다. 선출직 단체장들은 임기내에 성과를 내야 하는데 공무원 업무 중에 성과를 낼 만한 일이 별로 없어서 딜레마를 느낄 것 같다. 승진대상이 되는 일부 직원들은 어떻게든 특수 업무를 창출해 낸다. 어느 조직이든 유인동력이 있어야 움직인다. 다른 조직과 차별화된 정책을 시행하려면 기업체, 신문, 잡지, 인터넷에서 관련 콘텐츠를 부지런히 수집하고 가공해 적용해야 한다. 그런 콘텐츠는 어느 날 갑자기 생기지 않는다. 평소에 꾸준히 생각하고 정리해야 적절하게 사용할 수 있다.

최근에 유튜브가 많이 활성화되고 있다. 초등학생부터 노인들까지 전 세대로 급격히 퍼지고 있다. 많은 사람들이 유튜브를 통해서 정보를 흡수한다. 알고 보니 페이스북보다는 인스타그램과 유튜브가 대중화되고 있다. 앞으로 많은 주민들이 유튜브를 통해서 행정정보를 알게 될 것이다. 주민은 빠르게 저만치 앞서가는데 공무원은 느릿느릿 뒤따라가는 것이 일반적이다. 공무원들도 자신이 맡은 업무를 유튜브를 통해서 알리고 배운다면 직무역량도 계발되고 발전할 수 있는 계기가 될 것이다. 그동안 시대의 변화하는 트렌드에 무심했다는 생각을 많이 한다. 자신의 직무 발전에 필요한 교육은 비용을 지불하고 받을 필요가 있다. 나도 뒤늦게 블로그에 글을 쓰고 있고, 인스타그램을 활용하고 있다. 앞으로 유튜브까지 활동을 확장할 생각이다.

최근에 입사하는 직원들은 공무원 연금법이 개정되어 10년만 근무하면 연금을 수령한다. 그 말은 10년이 된 후 퇴사 의사가 있으면 나갈 수 있다는 의미다. 저성장체제 사회에서 일자리가 없어서 깊은 생각 없이 입사했다면 더욱 자신의 직무 역량을 계발해야 한다. 세상에는 공무원보다 더 창의적이고 가슴 뛰게 하는 일이 많다. 젊은 나이에 몇 년씩 시험공부를 해서 입사했으나 앞으로의 진로를 고민하는 직원들은 더 열심히 자신의 역량을 계발해야 한다. 또한 일단 입사했으면 자신이 맡은 업무를 열심히 최선을 다해서 하고 관련 업무에서 배울 것이 무엇인지 파악하라. 아무리 하찮고 단순한 업무라도 배울 점이 있고 더 역량을 계발해서 보완할 점이 있다.

예를 든다면 대민업무를 하는 직원은 대화의 기술, 소통하는 기술에 대한 역량을 계발하면 좋다. 민원인과의 대화에서 어려움을 겪거나 자존심까지 다치는 직원들이 많다. 책을 읽어서 지식을 흡수하든지 다른 전문가에게 배워서 유연하게 대처한다면 자존감 있는 생활을 할 수 있고 부서에서 좋은 평가도 받을 수 있다.

직원이 많이 알고 역량이 뛰어나면 그 지역주민에게 많은 혜택이 돌아간다. 또 해당 공무원은 미래를 위한 든든한 자원을 확보하게 된다. 서로 좋은 것이다. 공무원은 주민을 위해 일하는 직업이다. 직무역량을 계발해서 주민에게 봉사하고 나아가서 자신의 미래를 위한 초석으로 삼아야 한다.

# 06_
# 나의 경험과 지식으로
# 미래를 준비하라

공무원은 입사해서 별다른 일이 없으면 정년까지 근무한다. 주위의 또래 공무원들은 은퇴하면 놀면서 지내겠다는 말을 많이 한다. 그동안 일을 많이 했으므로 이제는 일을 하기 싫다고 한다. 연금이 나오니까 연금에 의존해서 놀러 다니며 지내겠다고들 한다.

나도 처음에는 그렇게 생각했다. 조그만 부동산을 구입해서 월세를 받으면 연금을 합쳐서 살 수 있을 것이라고 생각했다.

나는 평소에 공무원은 퇴직하면 활용할 수 있는 지식이 없다고 생각했다. 그런데 공무원에게는 수십 년간의 직장 생활 동안 익힌 경험과 지식이 있다. 여러 부서를 거치면서 일하는 동안 자신의 능력과 좋아하는 일을 파악했을 것이다. 공무원의 업무는 대부분 주민을 상대로 하는 서비스 제공업무다. 주민들을 많이 상대하는 직업이므로 그 와중에 자신이 사람들을 잘 대한다는 것을 알게 될 수도 있다. 아니면 사람들을 상대하는 것은 자신 없지만 서류작성, 보고서 작성하는 방법에는 능력을 발휘할 수 있다. 브렌든 버처드는 『백만장자 메신저』에서 "당신에게는 당신만의 인생 경험과 그 과정에서 얻은 지식이 있다. 그리고 그것을 토대로 다른 사람을 도울 수 있다. 이는 당신이 스스로 충분히 만족스러운 삶을 살았노라 답할 수 있는 하나의 방법이다. 당신이 보잘것없다고 생각하는 경험과 지식이 타인에게 큰 도움이 되고 높은 수익을 올릴 수 있다"고 했다. 나는 많은 공감을 했다. 공무원이 수십 년간의 행정 업무를 통해 얻은 경험과 지식을 사람들을 위해서 활용할 수 있는 방법이 있을 것이다. 자신이 하는 업무를 통해서 콘텐츠를 개발한다면 더 즐거운 직장생활을 하게 될 것이다.

요새는 매스컴에서 프랜차이즈 사업을 해서 망한 사람들을 많이 보도해서인지 공무원 중에 프랜차이즈 사업을 하는 사람은 별로 없고 앞으로 하겠다는 사람도 없다. 사실 프랜차이즈 사업을 해 볼 돈이 없기도 하다. 공무원은 퇴직금이 없다. 일반 대기업체는 퇴직금을 몇 억씩 한꺼번에 주지만 공무원은 수십 년 동안 불입한 연금을 죽을 때까지 쪼개서 준다. 다달이 생활비는 조달이 되는데 사업자금은 없다. 공무원은 무슨 사업을 하기에는 여유가 없다. 여유가 있는 공무원들의 최대 소망은 임대사업자가 되는 것이다. 연금과 임대수입으로 노후대책을 세우는 경우가 많다.

연금수급자로 생활이 가능한 직원들은 퇴직에 대비해서 평소에 별다른 준비를 하지 않는 것 같다. 그런 생각이 있는 능력도 도태하게 만드는 결과를 낳았을지 모른다. 상위권에 진입한 직원이나 진급을 목표로 밤낮으로 노력하는 사람들을 제외한 직원들은 그냥저냥 연금수급기간이 될 때까지 무난하게 근무하겠다는 생각이 대부분이다. 이 때문에 혹자는 민간기업에 다니는 사람들보다 팔자가 좋다며 부러움 반, 시샘 반의 말을 하는 경우도 있다.

　어쩌면 퇴직 후에 연금수령으로 생활이 가능하다고 안심하는 것이 단점일 수도 있다. 사람은 꿈을 꾸면서 살아간다. 100세 인생이다. 은퇴 후 할 일을 준비해야 한다. 공무원은 민간기업에 근무하는 사람들보다 미래를 준비하는 데 더 유리한 위치에 있다. 민간기업에 근무하는 사람들의 미래에 대한 불안감은 상상을 초월한다. 통상 45세 전이면 퇴직할 마음의 각오를 하는 것 같다. 그전에 대비를 하기 위해서 부단한 노력을 하는 사람들을 많이 보았다.

　후배 공무원들의 경우 정년이 연장되어 막상 퇴직할 때는 나이가 많아서 더 할 일이 없다. 중간퇴직 시도 대비해야 한다. 연금에 의지하고 싶어도 반 토막 난 연금 때문에 노후도 암울하다. 주위에는 암 등의 질병에 걸려 퇴직해야 하는 처지인데도 불구하고 봉급 외 소득이 없어서 못 하는 직원도 꽤 있다. 퇴직해서 치료를 해야 하는데 당장 월급이 없으면 생활이 되지 않기 때문에 그만둘 수가 없다.

공무원은 민간기업처럼 갑자기 구조조정을 당할 일은 전혀 없다. 정년이 보장되고 질병에 걸려도 본인이 원하면 얼마든지 다닐 수 있다. 육아휴직도 철저하게 보장되고 월급도 제때에 정확하게 나온다. 본인만 열심히 노력하면 얼마든지 자신의 능력을 계발하고 미래를 위한 투자를 할 수 있다. 공무원이 하는 일은 대부분 현장에서 이루어진다. 현장에서 일어나는 일을 통해서 나의 경험이 쌓인다. 수년 동안, 수십 년 동안 쌓인 경험이나 지식이 사장되는 경우가 대부분인데 안타까운 일이다. 소중한 경험과 지식을 조금씩 기록하는 작업을 하면 조직에게나 개인적으로도 많은 도움이 될 것이다. 이번에 책을 쓰면서 참고 서적이 생각보다 없어 당황했었다. 공무원의 자기계발서는 몇 권 없고 거의 공무원수험서가 대부분이었다. 『목민심서』, 『다산선생 지식경영법』을 보면서 기록의 중요성을 실감했다. 다산선생이 유배지의 열악한 환경에서도 기록을 멈추지 않은 것을 보고 큰 감명을 받았다.

주위에 저녁시간을 활용해서 도배기술이나 용접기술을 익히는 사람도 있다. 평생 사무직종을 했으니 몸으로 하는 기술도 유용하다는 생각에 기술을 익힌다고 한다. 나이 들수록 몸을 움직이는 일이 좋다고 한다. 요새는 예전과 달리 마음만 먹으면 퇴근 후 자기계발을 얼마든지 할 수 있는 시대가 되었다. 대충 어영부영 시간을 흘려보내지 않고 계획적으로 시간을 활용하면 수년, 수십 년이 지나 생각지 못한 결과를 이룰 것이다.

퇴직자들은 퇴직하면 대부분 그동안 제대로 못 했던 여행을 많이 다닌다. 직장생활에 찌들어서 여행다운 여행을 경험하지 못했기 때문에 최소 6개월 동안 여행을 다니는 퇴직자들을 많이 본다. 그런데 여행은 개인의 심신 충전을 위해서 좋은 취미생활이지만 일정기간 지나면 싫증이 난다. 여행을 통해서 다시 창조적인 행위가 이루어져야 의미가 있다. 칼럼이나 책을 써서 경험담을 공유하는 등의 생산적 행위가 있어야 한다고 생각한다. 퇴직자들은 하나같이 퇴직 후 2년이 지나면 취미생활만 하는 것에 싫증이 난다고 한다. 일정한 일거리를 마련하지 않은 것을 후회하는 것을 많이 보았다. 긴장이 풀려서인지 평균수명보다 훨씬 일찍 사망하는 경우도 많다. 특히 여자보다 남자들이 더 심한 것 같다. 상대적으로 남자들이 직장생활에 더 올인했기 때문에 허전함이 더 심할 것이다.

단지 안정된 직장에 입사했고 노후가 보장된다고 안일한 삶을 살아서는 진정한 행복을 느낄 수 없다. 공무원은 꿈을 꾸고 이루는 데 적합한 환경이다. 정년이 보장되고 안정적인 직장에서 근무하면서 자신의 경험을 얼마든지 계발할 수 있다. 더 나아가서 자신이 맡은 업무를 통해서 주민에 대한 봉사와 기여까지 할 수 있다. 안정된 직장에서 근무하면서 경험과 지식을 계발하고 미래까지 설계할 수 있다는 자신감을 갖자.

# 07_
## 주인의식이 있으면
## 하는 일마다 즐겁다


　공무원 사회는 내가 생각해도 단조로운 편이다. 특수사업을 맡아서 하거나 고질 민원이 많은 부서에 있지 않는 한 그날이 그날인 때가 많다. 나는 단조로운 생활보다는 생동감 있고 변화가 어느 정도 있는 부서에서 일하는 것을 좋아한다. 어쩌면 고생을 사서 하는 편이라고 하겠다. 같은 일을 해도 내가 근무하는 지역주민들이 좋아하고 필요한 일을 하고 싶었다.

　나는 대학원 논문으로 「노인일자리사업 참여에 따른 생활만족도에 관한 연구」를 썼다. 논문을 쓰면서 노인들의 욕구 중에 경제적인 욕구가 크다는 것을 실감했다. 직접 논문을 쓰면서 여러 자료들도 검토하고 실태조사까지 한 결과 더욱 와닿았다. 2013년에 정기인사발령이 있기 전이었다. 나는 공공복지업무의 팀장이었다. 오랫동안 전산업무에 종사하였기 때문에 색다른 업무를 하고 싶었다.

　나는 노인일자리창출팀에서 근무하고 싶었다. 어르신들의 일자리 업무를 경험해 보고 싶어서 지원해 보았다. 당시 인사

담당 국장님을 찾아가서 추천해 줄 것을 요청하니 승진할 수 있는 좋은 자리도 아니었기에 선선히 추천을 해 주셨다.

노인일자리창출팀에서 노인일자리업무에 대해서 익히고 있을 무렵이었다. 민선6기 제체가 시작되면서 노인일자리부문의 공약사업이 발표되었다. 이창우 구청장님이 선정한 공약사업으로 노인일자리 창출과 인생이모작지원센터 건립공약사업이 있었다. 인생이모작지원센터는 현재 동작50플러스센터로 명칭이 변경되었다. 팀원은 2명인데 주요 공약사업 2개가 발표된 것이다. 팀이 갑자기 바빠졌다. 나는 평소에 생각했던 특수사업을 공약사업으로 기획했다. '시니어일자리플러스100' 이라는 사업이었다. 지역에 소재한 여러 단체와 연합하여 일자리를 제공하고 취업훈련도 실시한다는 계획이었다. 전부터 많은 생각을 해서인지 계획서도 한 번에 완성이 되었다. 스스로 생각한 일을 기획하니 하는 일마다 즐거웠다.

동주민센터에서 근무하면 일하고 싶어 하는 노인 분들이 많이 찾아온다. 경제적으로 어려워서 일을 하는 경우가 대부분이다. 노인 분들은 일을 찾기 위해 찾아오는데 직원들은 정보가 없어서 계속 시달리는 경우가 많았다. 우리나라는 은퇴할 연령이 되어도 은퇴할 수 없는 노인들이 많다. 고도경제 성장 시기를 지낸 세대지만 은퇴 준비를 제대로 한 고령자는 실제로 많지 않다. 앞으로는 고령자가 더 많아진다. 고령자의 범죄가 사회적 문제로 대두가 될 것이 분명하다. 의학의 발달로 수명은 연장되고 노후 준비를 제대로 하지 못한 어르신들은 비참하게 살 수밖에 없다. 매스컴에서 보도되는 고령자들의 범죄사건이 많은 이유도 먹고살 길이 막연한 이유에서 기인하는 것 같다.

노인 분들과 상담해 보면 누구든지 일을 하고 싶어 한다. 실제로 75세 정도까지는 아주 힘든 일이 아니면 얼마든지 일을 할 수 있다. 고령건강관리를 잘하고 긍정적인 마음을 가진 노인들도 많다. 그런 노인들은 일도 잘하고 일한 대가에 대해서도 항상 감사하는 마음으로 지낸다. 사람들은 대부분 자신도 언젠가는 늙어간다는 사실을 잊고 산다. 조금만 생각을 바꾸고 긍정적으로 바라보면 고령자를 얼마든지 채용할 수 있다. 고령자들이 더 성실하게 일하는 사례도 많다. 그런데도 그저 나이든 고령자에 대한 편견으로 거부하는 일이 많다.

매스컴에서 보도되는 고령자들의 취업에 대한 열망을 현장에서 겪으면서 어떻게든 일자리를 찾아 주고 싶은 생각이 들었다. 노인인력개발원의 공모사업에 참여할 생각도 많이 했다. 그런데 조직여건상 특별한 시책이 추진되지 않는 한 일개 팀장이 추진하는 데는 한계가 있다. 그래도 노인인력개발원의 자치구를 대상으로 하는 공모사업도 주시하면서 다음 해를 기약하기도 했다. 동작구어르신지회의 성미숙 센터장과도 많은 의견을 교환했다. 어르신지회 센터장은 타 자치구 센터장과 정기모임을 갖고 많은 아이디어를 얻는다고 한다. 성미숙 센터장에게 자치구에서 실시하면 좋은 사업에 대한 정보를 많이 얻었다. 지금도 가끔 만나서 노인일자리 추세에 대해서 의견을 나누곤 한다. 이렇게 일을 하다 보면 열정을 가진 민간인들을 만나서 많은 것을 배우기도 한다.

노인들에게는 일자리를 찾아 주고 동주민센터 직원에게는 직업관련 정보를 제공하였다. 편하게 일을 할 수 있게 사업을 추진했다. 각 자치구에는 노인지회가, 노인지회에는 노인취업센터가 있다. 노인들에게 청소, 경비, 아기 돌보기 등 여러 가지 직업소개를 한다. 조금 연령이 있어도 취업을 많이 한다. 동주민센터에 취업의뢰를 하는 노인들이 있으면 노인지회에 방문해서 상담을 하도록 했다. 또한 구에 소재한 상공회의소 회장님을 만나서 노인들이 할 만한 일이 있으면 소개해 달라고 했다.

동주민센터에서 소개를 받은 많은 노인들이 노인지회를 방문해서 상담을 하고 취업을 했다. 나는 일단 노인들의 취업에 대한 상담을 먼저 해 줄 것을 당부했다. 당장 취업이 안 되더라도 상담하면서 소통하는 것이 중요하다고 생각했다. 사무실에도 조그맣게 상담창구를 만들어서 노인 분들이 오면 언제든지 취업상담을 해 드리고 노인지회로 연결시켰다. 나는 동주민센터에서 근무하는 직원들의 고충을 덜어 주고자 상담하러 오는 노인들에게 노인지회를 1차 방문해서 상담하도록 추진했다. 실제로 많은 어르신들이 취업이 되어 경제활동을 하셨다. 설사

취업이 안 되어도 경청해 주고 공감해 주는 과정에서 많은 노인들이 만족하셨다.

공약사업 중 하나인 인생이모작지원센터 건립을 위해 타 구인 송파구를 방문할 일이 있었다. 지금은 50플러스센터로 명칭이 변경되었다. 그 당시 송파시니어클럽 책임자였던 한승훈 과장을 만나서 센터건립에 대한 조언을 듣던 중 새로운 사업을 소개받았다. 송파구에서는 집 짓는 기술을 가진 노인들을 위한 사업이 활성화되고 있었다. 송파핸디맨서비스 사업을 추진하여 노인들에게 일자리를 제공하는 사업이었다. 나이가 들어서 건축현장에서 더 이상 일을 할 수 없는 노인들이 간단한 집수리, 도배, 페인트 칠 등을 해서 월수입을 보장받는 사업이었다. 고령자를 채용하는 사회적 기업으로 정부지원에 의해서 운영되고 있었다. 비영리기업이기 때문에 사업량을 많이 늘리지 않아도 되었다.

노인들은 나이가 많아서 심한 일이나 장시간 동안 근로를 할 수 없다. 송파핸디맨서비스에서는 어르신들에게 오후 5시까지 일을 하도록 한다. 어르신들에게 적합한 일거리를 제공해 주고 매월 120만 원 정도의 급여를 지급했다. 관내 경로당 수리일도 맡기는 등 일감을 많이 확보해 줬다. 우리 구에 도입하면 좋을 것 같았다. 송파핸디맨서비스 지회 형태로 '동작핸디맨서비스 사업'을 시작하기로 하고 준비를 했다. 그 당시 부서장께서 전

폭적인 지지를 해 주셔서 즐겁게 일을 했다.

송파구핸디맨서비스의 산하 지부 형식으로 운영하기로 하고 사무실을 구하러 다녔다. 사무실을 구하는 일이 생각보다 매우 어려워서 고생을 많이 했다. 다행히 같은 부서에서 근무했던 김경화 팀장과 이봉민 팀장의 적극적인 협조로 관내 경로당의 유휴공간에 사무실을 확보했다. 일할 사람들을 채용하기 위해 지역신문에 홍보하고 전 부서에 공문을 보냈다. 동작핸디맨서비스사업은 최근의 트렌드에 잘 맞는 사업이었다. 집수리 부분에 인건비 비중이 커짐에 따라 전체 집수리 비용이 늘어나고 있는 추세다. 고령자들의 경험과 지식을 활용하면 인건비 비중을 상당히 낮출 수 있다. 많은 직원들이 집수리, 도배, 페인트 작업 등을 의뢰했다. 시중의 공사업체보다 30% 정도 낮은 가격에 공사를 할 수 있고 AS도 확실하기 때문에 인기가 있었다. 내가 부서를 떠난 뒤에도 사업이 계속 잘되고 있다.

근무경력이 늘어나면서 내가 몸담고 있는 지역주민에 대한 애정이 절로 형성되는 것 같다. 진심으로 지역주민이 절실히 원하는 욕구에 대한 해결책도 제시하고 싶고 더 많은 지원을 해 주고 싶다. 어떻게 하면 지역주민들에게, 나를 찾아오는 생활이 어려운 주민들에게 만족을 줄 수 있을까 이런 저런 궁리를 많이 해 본다. 이렇게 주인의식을 가지고 일을 하니 만족감도 생기고 출근하는 것이 즐거웠다. 당신도 평범한 일상에서 벗어나서 즐겁게 일할 수 있는 거리를 찾길 바란다.

# 08_
# 준비된 사람에게는
# 반드시 기회가 온다

준비가 미처 안 되어 있는데 기회를 잡을 수는 없다. 조직에서는 항상 직원들이 어떤 성향을 가지고 있고 어떤 역량을 지니고 있는지 조직 운영을 위해서 파악하고 있다. 평소에 자신이 맡은 일은 기본적으로 열심히 하면서 역량계발을 하고 준비를 한다면 기회를 잡을 수 있다.

A주무관은 프랑스어를 수년간 공부했다. 프랑스어 전공자가 아니었지만 프랑스어를 좋아해서 공부를 했다고 한다. 어린 자녀가 있는데도 불구하고 아침 일찍 직장 근처의 프랑스 어학원에 다녔다. 그러던 중 서울시와 자치구 간에 교류가 있었다. 일반직의 경우 서울시에서 자치구 직원 중에 업무역량이 뛰어난 직원들을 선발하는 경우가 있다. A주무관은 거기에 발탁되어 서울시에서 근무했다. 후에도 프랑스어를 계속 공부했고 프랑스로 파견근무까지 하게 되었다. 나중에 들은 소식으로는 자녀도 데리고 가서 학업을 시켰다는 이야기가 있다. 평소에 프랑

스어를 꾸준히 공부해서 자신만의 특기를 발휘하여 승진도 빨리한 것이다.

B주무관은 일어를 전공했다. 신입시절에는 업무능력이 다소 떨어졌지만 열정적인 성격으로 꾸준히 업무능력을 키웠다. 서류심사와 면접심사까지 거쳐야 하는 서울시 교류시험에 무난히 합격했다. B주무관은 앞으로 자신의 전공인 일어와 관련된 업무를 하게 될 확률이 많아졌다. 서울시는 자치구와 달리 직원도 많지만 업무내용과 종류가 훨씬 다양하다. 그만큼 자신의 역량을 발휘할 기회도 많고 승진속도가 빠르다. 물론 업무는 자치구보다 훨씬 강도가 세고 업무시간이 많아서 개인시간의 활용은 힘든 편이다. 개인적으로 더 역동적이고 폭넓은 업무환경에서 일을 하고 싶다면 인사교류를 시도하면 좋다. 아무래도 자치구는 업무영역이 한정되고 자신의 역량을 발휘하는 기회가 한정되기 때문이다. 평소에 꾸준히 준비하면 또 다른 환경에서 새롭게 일할 수 있다는 것은 공직생활에 매우 중요하다.

A주무관과 B주무관이 다른 직원들처럼 똑같이 주어진 시간을 평범하게 활용했다면 그런 기회를 얻기 힘들었을 것이다. 서울시 교류가 무슨 대단한 일이냐고 말할 수 있다. 그러나 새로운 도전을 통해서 더 역동적으로 산다는 것은 살아가는 방식에 차이를 이룬다고 생각한다. 항상 준비하고 노력하려는 마음가짐이 중요하다. 사람은 살다 보면 어떤 기회가 올지 모른다.

현재에 안주하지 않고 끊임없이 노력하는 생활이 더 아름답다.

이렇게 새로운 근무환경을 개척하고 자신의 역량계발을 위해 타 구나 타 시도로 가는 방법이 있다. 만약 환경을 파격적으로 바꿀 수 없다면 자신이 현재 근무하는 곳에서 새로운 일을 시도하는 것도 바람직하다. 나는 사회복지직으로 공무원 일을 시작했다. 공공복지서비스 분야를 담당하는 별정직으로 임용되어 처음부터 다른 업무를 할 수 없었다. 애초부터 일반행정직이 하던 업무를 따로 떼어서 사회복지직에게 맡기기 위해 새로운 직렬을 만든 것이다. 나는 평생을 사회복지직으로 근무했고 사회복지직으로 퇴직할 것이다. 처음 임용될 때는 새로운 업무를 익히고 적응하는 데 온 힘을 기울였다. 사회복지직은 사회복지라는 단일 업무를 하고 있다고 생각할 수 있지만 보편적 복지로 확대되면서 지금은 사업종류와 내용이 방대하다.

내가 처음 근무할 때는 사업의 종류와 내용이 그렇게 많지 않았다. 직원도 인구수가 많은 동은 직원이 2명, 인구수가 적은 동은 1명이거나, 사회복지 담당이 아예 없었다. 나는 사회복지 공무원으로 근무하면서 단일 업무만 10년 가까이 했기에 업무에 싫증이 나고 소진이 되기도 하였다. 그래서 동주민센터에서 근무할 때는 굳이 일부러 안 해도 되는 특수사업도 같이했다. 한자교실도 운영해 보고 다른 특수사업까지 만들어서 시행해 보았다. 지금은 이창우 구청장님의 방침에 의거해 일반행정직이 하는 인사, 총무, 교육 분야 등 다양한 부서에서 일할 기회를 가지게 되었지만 예전에는 어림도 없었다. 공무원 조직은 원래 파격적이고 이례적인 환경에 익숙하지 않기 때문이다. 지금은 이창우 구청장님이 직렬 간 업무교류와 다양한 경험을 익히도록 인사방침을 세웠다. 우리 구에서는 많은 사회직공무원들이 자신의 능력을 시험해 보고 역량을 발휘하고 있다.

나는 항상 복지사업에 대한 콘텐츠를 가지고 있었던 것 같다. 비록 공공복지서비스 영역에 한정하여 업무를 했지만 더 넓은 시야를 가지고 관찰을 많이 했다. 다른 구에서 하는 사업이나 다른 구에서 일하는 직원들과 대화를 나누면서 경험을 많이 공유했다. 책을 폭넓게 읽었을 뿐만 아니라 인터넷에서 관련기사를 검색하면서 나름대로 지식을 쌓았다. 내가 근무하는 현장에서 일어나는 일상을 잘 관찰하고 주민 편에서 생각하면 내가 생활하는 모든 곳이 콘텐츠가 된다. 주민을 고객으로 생각하고 고객의 이익을 위해서 일한다고 생각한다면 언젠가는 기회가 온다.

나는 지금도 내 안에 있지만 미처 발견하지 못한 새로운 능력을 계발하기 위해 노력하고 있다. 평생 독서를 해 왔다. 유아기 때부터 책을 좋아했고, 손에서 책을 놓아 본 적이 없다. 책은 내가 업무를 하면서 힘들고 우울하거나 어려움에 부딪혔을 때 유일하게 위로해 주는 대상이었다. 책읽기를 하던 중 어느 정도 임계점에 달했다고 생각했을 때 책 쓰기에 많은 관심을 갖게 되었다. 나는 책 쓰기를 통해서 나의 새로운 기회가 올 것이라고 생각한다. 책 쓰기를 통해서 나의 고객인 주민과 나의 동반자인 직원들을 위한 새로운 콘텐츠를 계발하고 싶다. 선한 영향력을 전할 수 있는 새로운 기회가 올 것이다. 생생하게 꿈꾸면 이루어진다는 말이 있다.

정년을 마치고 퇴직하신 선배님들 중에는 10년 전부터 퇴직에 대비하여 준비한 분도 있지만 대부분 퇴직할 때까지 별다른 준비 없이 정년을 마친 분들이 많다. 그분들은 한 분야에서 30년의 경력을 자랑하고 있고 뛰어난 업무 능력을 겸비하신 분들이다. 연락을 해 보면 다들 하는 일 없이 집에서 소일하고 있다. 그 흔한 봉사활동도 안 한다. 현직에서 일하는 동안 현업에 바쁘고 절박한 의식을 가지고 자신에 대해서 파악해 본 적도 없으니 무엇을 잘할 수 있는지도 모른다. 재직하는 동안 자신을 퍼스널 브랜딩 하는 준비를 했었더라면 퇴직하고 그토록 무료한 생활은 안 할 텐데 후배로서 안타까운 마음이다. 아마도 연금수령자로 생계유지가 될 것이라 생각했으니 절박하지 않았던 것 같다. 지금은 재직 중에 뭐라도 준비했어야 한다는 생각이 든다고 한다. 또 한 분은 자타가 인정하는 보고서 작성과 기획 분야의 능력자다. 지금은 퇴직 후 여행과 취미생활에 전념하고 있다. 만약 책을 써서 퍼스널 브랜딩을 구축했다면 더 많은 기회가 있었을 것이다.

정부의 복지 수혜 대상자 확충에 따른 보편적 복지서비스의 시행으로 많은 공무원들이 채용되어 근무하고 있다. 사회복지사 자격증이 있고 국가시험에 합격하면 누구나 공공복지서비스 제공 업무를 할 수 있다. 단순 업무는 그런대로 하지만 경험 부족으로 복잡하거나 고난이도 단계의 업무는 어려워하는 직원들이 많다. 어려움에 처하거나 본인 역량이 부족할 때 무너지고 만다. 요새는 개인주의가 팽배한 워라밸 시대로 조직 상하 간의 소통에 어려움이 많다. 예전에는 당연했던 일들도 그냥 넘어가지 않고 문제가 되는 경우도 많이 발생한다. 업무 추진 과정에서 상사와 부하의 갈등 관계, 성희롱 등 소통 부재의 문제도 나타나고 있다. 그만큼 조직 운영에 어려움이 많아 인사 부서에서 직원 교육에 공을 많이 들이고 있다.

이렇게 수십 년간 근무한 나의 업무 경험으로 여러 사람에게 도움을 주고 싶다. 나는 공공복지서비스 제공 업무의 초창기 멤버이고 나름 전문가로 인정받고 있다. 공공복지서비스 제공 분야의 거의 모든 업무를 다뤄 봤고 많은 업무를 하면서 다양한 경험과 기술을 습득했다. 모든 좋은 콘텐츠는 자신의 경험담에서 나온다. 책을 써서 나의 경험과 지식이 다른 사람에게 도움이 된다면 나의 자존심도 높아질 것이다.

지금 공무원이신 분,
공무원이 되고자 하는 모든 수험생분들께
이 책이 바른 길잡이가 되어주어
성공에너지가 팡팡팡 샘솟아 오르기를 기원합니다!

| 권선복
도서출판 행복에너지 대표이사

여기저기 공무원 열풍입니다. 경기침체와 일자리 부족으로 많은 젊은이들이 상대적으로 안정적인 공무원이 되고자 열을 올리고 있습니다. 공무원은 해고될 걱정도 없고 연금도 꼬박꼬박 수령할 수 있으므로 불안한 시대에 굳건한 희망의 탑처럼 보입니다. 그런데 현직 공무원이기도 한 이 책의 저자는 공무원에 대한 환상을 깨야 진정으로 공무원 생활을 즐길 수 있다고 말합니다. 그 이유는 무엇일까요?

저자는 1990년에 별정직인 사회복지전문요원 2기로 임용되어 현재까지 근무하고 있습니다. 그녀가 풀어나가는 이야기를 들어 보면 공무원 생활이 꽤 만만치 않다는 것을 느끼게 됩니다. 흔히 공무원 하면 떠오르는 '칼퇴근'이라든가 '연금수령'에 대한 실상이 생각했던 것과는 많이 다르다는 것도 알 수 있습니다.

저자가 설명하는 공무원의 일상은 결코 쉽고 편안한 직업이 아닙니다. 남을 돕고자 하는 마음이 바탕이 되어야 하고, 솔선수범하여 주민의 요구를 충족시켜 줘야 하며, 때로는 궂은일도 싫은 소리 없이 도와주어야 합니다. 그러면서도 때로 주민들에게 마음이 상하는 일도 발생해도 먼저 참아야 합니다.

공무원은 기본적으로 '봉사직'이기에 그저 공무원은 '철밥통'일 것이라는 생각을 가진다면 공직 생활이 행복하기 어려울 것입니다. 공무원은 승진 이외에는 노력에 대한 보상이 달라지지 않고 일상에 고착화되기 쉬운 직업이기에 더욱 꾸준히 자기계발을 해야 하고, 취미를 통해 스트레스 해소를 해야 한다고 저자는 이야기합니다. 특히 이 책을 읽는 분이 현직 공무원이거나, 공무원 시험을 준비하고 있는 사람들이라면 이 책을 통해서 좀 더 활기차고, 발전하는 공직 생활의 실마리를 얻을 수 있을 것입니다.

사회가 변하고 세상이 변함에 따라 공무원도 시세에 발맞추어 진보해야 합니다. 보람찬 공직생활을 보내고 싶습니까? 환상을 깨고 직접 몸으로 부딪혀 보십시오! 여러분의 앞길에 성공의 활력 에너지가 팡팡팡!! 솟아나 기운찬 생활이 펼쳐지기를 진심으로 기원합니다!

## '행복에너지'의 해피 대한민국 프로젝트!
# 〈모교 책 보내기 운동〉

대한민국의 뿌리, 대한민국의 미래 **청소년·청년**들에게 **책**을 보내 주세요.

많은 학교의 도서관이 가난해지고 있습니다. 그만큼 많은 학생들의 마음 또한 가난해지고 있습니다. 학교 도서관에는 색이 바래고 찢어진 책들이 나뒹굽니다. 더럽고 먼지만 앉은 책을 과연 누가 읽고 싶어 할까요?
게임과 스마트폰에 중독된 초·중고생들. 입시의 문턱 앞에서 문제집에만 매달리는 고등학생들. 험난한 취업 준비에 책 읽을 시간조차 없는 대학생들. 아무런 꿈도 없이 정해진 길을 따라서만 가는 젊은이들이 과연 대한민국을 이끌 수 있을까요?

한 권의 책은 한 사람의 인생을 바꾸는 힘을 가지고 있습니다. 한 사람의 인생이 바뀌면 한 나라의 국운이 바뀝니다. **저희 행복에너지에서는 베스트셀러와 각종 기관에서 우수도서로 선정된 도서를 중심으로 〈모교 책 보내기 운동〉을 펼치고 있습니다.** 대한민국의 미래, 젊은이들에게 좋은 책을 보내주십시오. 독자 여러분의 자랑스러운 모교에 보내진 한 권의 책은 더 크게 성장할 대한민국의 발판이 될 것입니다.

도서출판 행복에너지를 성원해주시는 독자 여러분의 많은 관심과 참여 부탁드리겠습니다.

## 공무원 탐구생활

### 김광우 지음 | 값 15,000원

『공무원 탐구생활』은 '공무원'에 대해 속속들이 들여다본 책으로, 다양한 시각으로 공무원에 대해 분석하고 있다. 특히 '공무원은 결코 좋은 직업이 아니다'라며 기본적으로 비판적인 시각을 가지고 분석한다는 걸 특이점으로 꼽을 수 있다. 이미 공직에 몸담은 공무원뿐만 아니라, 공무원을 준비하고 있는 이들에게도 앞으로의 진로 설정 방향과 공무원에 대한 현실을 세세히 알려준다. 30년이 넘는 시간 동안 공직생활을 통해 쌓아 온 저자의 경험이 밑바탕이 되어 독자들에게 강한 신뢰감을 준다.

## 상위 1프로 워킹맘

### 유정임 지음 | 값 15,000원

이 책 『상위 1프로 워킹맘』은 언론인으로서의 삶을 놓지 않으며 동시에 두 아이를 훌륭하게 길러 낸 유정임 저자를 비롯, 각계각층에서 자신의 삶을 살아가며 동시에 아이들의 행복을 위해 고군분투하는 워킹맘 10인의 인터뷰를 기반으로 한 책이다. 다양한 직업을 가진 그녀들의 고민은 이 책을 펼쳐보게 될 모든 워킹맘들의 그것과 다르지 않다. 고민하고, 갈등하고, 때론 화내면서도 동시에 웃고 떠들고 즐기며 나아가는 그녀들의 모습은 독자들의 마음을 깊은 공감으로 따뜻하게 채워 줄 것이다.

## 새 집을 지으면

### 정재근 지음 | 값 12,000원

시집 『새 집을 지으면』에서 저자는 늘 마음의 중심이 되어주던 부모님과 스승들의 가르침을 되새기며 평생을 소명으로 여기던 공직자로서의 삶에 대한 감회와 후배들에 대한 당부를 덧붙인다.

대나무, 난초와 같은 향기를 담은 이 시집을 읽다 보면, 선비의 풍모를 간직하고 있는 저자의 은은한 인문학적 묵향(墨香)에 독자들도 물들고, 시집 속에서 공직자로서 좋은 귀감을 삼을 대상을 마주할 수 있을 것이다.

## 작은 습관, 루틴

### 오히라 노부타카 · 오히라 아사코 지음/장나무별, 장영준 역 | 값 15,000원

이 책 『작은 습관, 루틴』은 우리가 일상적 업무 속에서 스트레스가 되는 다양한 요소의 해결책을 제시한다. 이러한 스트레스의 크기를 느슨하게, 고통으로 느끼지 않고도 충분히 우리들이 해소할 수 있는 작은 단위로 쪼개어 해결할 수 있는 방법을 구체적이고 상세하게 제공하는 책이다. 이 작은 보물지도가 여러분의 조직에서, 가정에서, 새로운 세상과 새로운 삶으로 이끌어주는 마법의 램프를 찾도록 도와줄 것이다.